CONTES TRÈS MERVEILLEUX

DU MÊME AUTEUR CHEZ ACTES SUD

Dame Merveille et autres contes d'Égypte, Babel nº 326.
Contes populaires de Palestine, Babel nº 564.
Contes curieux des quatre coins du monde, Babel nº 818.
Récits de mon île, Babel nº 1136.

ISBN 978-2-330-03280-7

PRALINE GAY-PARA

CONTES TRÈS MERVEILLEUX

DES QUATRE COINS DU MONDE

Inde, Cuba, Kazakhstan, Sibérie, Chine, Finlande,
Corée, Haïti, Suède, etc.

BABEL

INTRODUCTION

On sonne à votre porte, vous ouvrez. Un homme à tête de cheval entre.
Si vous vous évanouissez, on est dans le fantastique.
Si vous lui demandez : "Un thé ou un café ?", on est dans le merveilleux.

JEAN-LOUIS LE CRAVER

Dans le conte merveilleux, les héros rencontrent des personnages surnaturels : les fées, certes, mais aussi les ogres et ogresses, les trolls, les géants, les dragons à trois ou sept têtes, les lutins, les sorcières, et d'autres encore.

Rencontrer un ogre au détour d'un chemin n'a rien de plus extraordinaire que de se retrouver devant une passante au coin d'une rue ou d'un voisin devant sa porte. Ces personnages sont partie intégrante du quotidien des héros.

Ces personnages sont, de par leur nature, excessifs. Ils agissent de manière démesurée, créant des séquences qui s'impriment avec force dans notre imaginaire.

Nicole Belmont définit le conte merveilleux comme "un chemin d'images", "[…] un itinéraire, un parcours qui est celui du héros ou de l'héroïne, qui part de chez lui la plupart du temps et qui parcourt des espaces. […] Le conteur parsème ce parcours d'images extrêmement fortes […]. Le héros arrive quelque part et il voit quelque chose d'extraordinaire et l'image qu'en donne le conteur est extrêmement frappante*."

Ces images fortes, ou motifs, sont à mon sens les piliers du conte merveilleux. Elles mettent en scène des actions qui laissent une empreinte profonde dans la mémoire des conteurs. Les conteuses et les conteurs qui m'ont transmis un large corpus pour ma thèse** n'avaient pas raconté depuis vingt ou trente ans. C'est souvent à partir de ces images prégnantes qu'ils ont réussi à reconstituer leur répertoire et les différents éléments de chacun de leurs contes***.

Le style des contes populaires est minimaliste. Peu de détails, de psychologie ou de descriptions, à moins qu'ils ne soient indispensables à la dramaturgie. Une langue visuelle avec des termes précis qui agencent les séquences à la manière d'un story-board de film. Cette économie de la langue laisse ainsi, à chaque auditeur, un espace qu'il peut combler avec son propre imaginaire.

* Interview réalisée à la suite des journées consacrées au "merveilleux", à la maison du Conte, en 2005. http://www.pralinegaypara.com/medias/tpl/pdf/commun/interviewNicoleBelmont.pdf

** *Contes de la montagne libanaise, procédés stylistiques et signification*, Paris-III-Sorbonne nouvelle, 1985.

*** Cf. "La mémoire dépoussiérée", in *Cahiers de littérature orale* n° 23, 1988.

À force de fréquenter les contes, l'initié finit par reconnaître des motifs récurrents, propres au registre merveilleux, qui franchissent aisément les frontières.

Les contes rassemblés ici nous offrent des motifs singuliers, étonnants. Quel bonheur de se laisser surprendre encore et encore !

C'est toujours à partir d'une image forte qu'un conte s'invite dans mon répertoire. Elle provoque des émotions, des sensations qui transforment mon corps.

Un émerveillement de l'intime.

J'espère qu'en lisant ces contes, les lecteurs seront aussi émerveillés que j'ai pu l'être en les découvrant.

CELUI QUI CONNAÎT UN CONTE NE DOIT PAS LE GARDER

C'est un jour de joie au campement.

Depuis une semaine, petits et grands s'affairent pour préparer les noces de la fille aînée du chef. Le fiancé vient d'arriver en grande pompe au campement, accompagné de tous ses amis. La fiancée est parée de ses plus beaux atours. Le mariage est célébré dans la journée et le festin dure jusqu'au coucher du soleil.

À la tombée de la nuit, tous les convives se réunissent dans la yourte du chef, et voici venu le moment où, comme le veut la tradition, chacun doit raconter une histoire.

Les jeunes mariés sont assis côte à côte, entourés de la famille de la jeune femme et des amis. Chacun à son tour raconte une histoire. Le jeune marié n'écoute pas, il a hâte d'être tout seul avec sa belle, afin de profiter de la douceur de la nuit. Quand arrive son tour, il balbutie, il s'excuse et dit : "Je ne connais pas d'histoires." L'assemblée est étonnée, les parents de la mariée sont mécontents. Chacun se lève pour aller se coucher, déçu de voir la soirée écourtée. Seul le jeune marié est content ; il s'en va avec sa bien-aimée vers la yourte nuptiale.

La petite sœur de la mariée, qui a tout juste sept ans, ne veut pas aller dormir. Elle sait que son beau-frère est un conteur réputé et elle se demande pourquoi il réserve ses contes à sa fiancée. Elle se glisse dehors dans la nuit et entend les nouveaux époux chuchoter et rire. Elle s'approche de leur yourte sur la pointe des pieds, dans l'espoir d'entendre au moins un conte, quand elle voit deux ombres se faufiler dans l'obscurité. Elle se cache et tend l'oreille. La première ombre murmure :

— Demain matin, le nouveau marié va partir avec ses amis et sa femme vers son campement. Sur son chemin, je me transformerai en ruisseau brûlant. Quand il s'approchera de moi pour se désaltérer, je le transformerai en punaise. Il a refusé de raconter le conte de la punaise qu'il connaît depuis qu'il est tout petit !

— Si tu ne réussis pas à le transformer en punaise, susurre la deuxième ombre, je prendrai la forme d'un poignard en or et je me mettrai au milieu de son chemin. Quand il me ramassera, je lui couperai un doigt et le transformerai en couteau. Il connaît le conte du poignard depuis des années et il a osé dire qu'il n'a rien à raconter !

La petite fille voit alors les deux silhouettes disparaître dans la nuit et comprend : elle vient de croiser l'esprit du conte de la punaise et l'esprit du conte du poignard. Elle sait que les deux projettent de se venger de son beau-frère car il a gardé les deux contes pour lui.

Le lendemain, vers midi, le trousseau de la mariée est chargé sur les chameaux et la caravane est prête à s'ébranler pour aller vers le campement de la famille du marié. La petite sœur de la mariée arrive sur le cheval le plus rapide de son père et demande au jeune couple si elle peut les accompagner. Le marié refuse :

— Nous n'allons pas nous occuper d'une enfant pendant le voyage ! La route est longue et le soleil est chaud.

La petite insiste, le marié est inflexible.

La fillette fait mine d'obéir. Elle s'éloigne et les observe de loin, prête à partir. La caravane prend la route, et la petite têtue suit le cortège à bonne distance, sans rien demander à personne.

Le marié, qui ne l'a pas perdue de vue, marmonne : "Quelle peste !" mais il ne dit rien, de peur de se disputer avec sa femme.

La route est longue, la caravane voyage depuis de longues heures. Le soleil est haut, il fait très chaud. Les bêtes avancent péniblement, les voyageurs ont soif. Tous cherchent du regard une source d'eau. Le marié part en éclaireur pour tenter de trouver un puits ou un ru. Il aperçoit, au loin, un ruisseau. Il met pied à terre et se baisse pour vérifier si l'eau est potable avant d'appeler ses compagnons.

La petite l'observe de loin. Quand elle le voit descendre de cheval, elle part au galop. Son cheval plonge ses sabots dans l'eau et piétine tant et si bien que le ruisseau n'est plus que boue. Le marié est furieux, le cortège rouspète. Le jeune marié la gronde violemment, mais elle fait mine de ne pas l'entendre.

La caravane poursuit sa route et les voyageurs sont au bord de l'épuisement. La journée tire à sa fin, quand le marié voit un objet briller sur son chemin. Il regarde de plus près ; un couteau en or. Quand il met pied à terre pour le ramasser, la petite sœur éperonne son cheval qui se lance comme une flèche jusqu'au couteau et se met à le piétiner, le réduisant en morceaux sous ses sabots. Le marié est furieux, il hurle à l'encontre de sa petite belle-sœur des menaces terribles, mais elle fait celle qui n'entend pas. Elle rit aux éclats.

À la tombée de la nuit, le cortège nuptial fait son entrée dans le campement du jeune marié. Celui-ci se précipite vers la petite et la menace de la punir si elle ne reste pas tranquille. Il lui promet toutes sortes de corvées si elle se mêle de ses affaires… Elle rit :

— Tu n'es pas beau quand tu es furieux ! Calme-toi et je te raconterai ce qui s'est passé pendant le voyage…

C'est ainsi que la petite sœur a raconté aux grands et aux petits ce que nous savons déjà.

Comme elle venait de sauver la vie de son beau-frère, elle a eu droit à toutes les faveurs. Elle a été gâtée pendant des semaines entières.

On dit que le jeune marié ne lui a plus jamais fait de reproches et que, depuis ce jour, il n'a plus jamais refusé de raconter un conte.

Depuis ce temps-là, on dit là-bas : “Celui qui connaît un conte ne doit pas le garder.”

À bon entendeur… Salut !

LE JARDIN MERVEILLEUX

Assan et Hassan étaient deux amis inséparables, ils travaillaient dur pour gagner leur vie. Le premier était paysan, le deuxième berger, mais hormis cela, ils avaient tout en commun. Ils avaient grandi ensemble, s'étaient mariés la même année, avaient perdu leurs femmes à quelques semaines d'écart. Seule lumière au tableau, leurs enfants. Assan avait une fille belle et aimante et Hassan un fils vaillant et aimable.

Un matin, au début du printemps, Hassan trouve tous ses moutons morts, son troupeau est décimé par une étrange maladie. Pas une seule bête debout. En larmes, il va voir son ami :

— Je suis venu te faire mes adieux. J'ai perdu mon troupeau, je dois partir chercher du travail ailleurs.

Assan, le paysan, est bouleversé. Il serre son ami dans ses bras en pleurant :

— Hassan, mon frère, depuis que je suis né, la moitié de mon cœur est à toi, tu ne peux pas refuser la moitié de ma terre. Sèche tes larmes, prends la houe et viens labourer avec moi. À partir d'aujourd'hui, la moitié de ma terre est tienne.

Hassan le berger est devenu paysan ce jour-là.

Un jour, Hassan le berger est en train de bêcher son lopin de terre, quand sa houe heurte un objet métallique. Il creuse fiévreusement et découvre une vieille marmite rouillée. Il la déterre et l'ouvre ; elle est remplie de pièces d'or.

Fou de joie, il emporte le trésor et se précipite chez son ami Assan :

— Réjouis-toi, mon ami ! C'est ton jour de chance ! J'ai trouvé une marmite remplie d'or dans ton champ, tu ne seras plus jamais pauvre !

Assan sourit :

— Tu es généreux, je sais, mais cet or t'appartient. Tu l'as trouvé dans ton lopin de terre.

— Je connais ta générosité, insiste Hassan. Quand tu m'as donné la moitié de ta terre, tu ne m'as pas donné ce qui y était enterré.

— Mon ami, répond Assan, les richesses appartiennent à celui qui arrose la terre de sa sueur. Cet or est tien, tu l'as trouvé dans ton champ.

Les deux amis se disputent longtemps. Chacun veut donner la marmite d'or à l'autre. Finalement, Assan le paysan tranche :

— Arrêtons de nous quereller ! Tu as un fils, j'ai une fille. Ils s'aiment depuis qu'ils sont tout petits. Marions-les et donnons-leur cet or. Ils oublieront les affres de la pauvreté.

Les deux amis vont trouver les jeunes gens et leur font part de leur décision. Ceux-ci sont au comble du bonheur. La noce est célébrée dans la joie le jour même. Les jeunes mariés s'installent dans la maison de Hassan le berger, qui déménage chez son ami.

Le lendemain, à l'aube, les deux jeunes gens vont poser la marmite d'or devant la porte de leurs pères et appellent :

— Cette marmite vous revient de droit. Notre amour est notre trésor le plus précieux et nous n'avons pas besoin de cet or, il est à vous. Vous en aurez besoin pour vos vieux jours.

Assan et Hassan reprennent leur querelle où ils l'avaient laissée. Ils se disputent devant leurs enfants ébahis. "Ce trésor est à toi" "Non il t'appartient" "Il est à toi !" "Non il est à toi" "C'est ta terre !" "Non c'est la tienne !"

Au bout d'interminables heures de dispute, ils sont épuisés. Il faut trouver une solution.

Ils vont, tous les quatre, demander conseil à un vieux sage.

Ils prennent la route et portent, tour à tour, la marmite d'or. Ils marchent longtemps et arrivent devant la hutte du sage, un abri au beau milieu de la steppe.

Les voyageurs, épuisés, sont accueillis par un vieillard assis sur une couverture en feutre usée. Il est entouré de quatre disciples :

— Qu'est-ce qui vous amène jusqu'ici, braves gens ?

Les visiteurs lui racontent leur querelle, la marmite, l'or et tout le reste. Quand ils ont terminé, le vieux sage garde longuement le silence puis il se tourne vers le plus âgé de ses disciples et s'adresse à lui :

— Dis-moi, mon fils, comment aurais-tu résolu ce problème ?

L'aîné de ses disciples répond :

— J'aurais demandé que cet or soit donné au khan, car tous les trésors trouvés dans la terre lui appartiennent de droit.

Le visage du vieux sage se renfrogne. Il s'adresse alors à son deuxième disciple :

— Et toi, comment aurais-tu tranché cette affaire ?

— Si j'étais toi, j'aurais gardé l'or pour moi. Pourquoi refuser un cadeau qui te tombe du ciel ?

Le vieux sage lui lance un regard noir et se tourne vers le troisième disciple :

— Et toi ?

— Moi, répond celui-ci, je dis que si cet or n'appartient à personne et si personne n'en veut, il faut le remettre là où il était. Il faut l'enterrer à nouveau dans le champ.

Le vieillard fronce les sourcils. Il s'adresse enfin au plus jeune de ses disciples :

— Et toi, qu'en penses-tu, mon fils ?

— Maître, répond le plus jeune, pardonne ma simplicité mais, avec cet or, j'aurais acheté des graines et j'aurais semé, dans la partie la plus aride de la steppe, un immense jardin ombrageux où tous les pauvres pourraient trouver refuge à l'abri du soleil et se nourrir de fruits frais.

À ces mots, le vieux sage se lève, les yeux remplis de larmes, et serre le jeune homme dans ses bras.

— Le proverbe n'a pas menti quand il a dit : "Il faut considérer le plus jeune comme s'il était le plus âgé, quand il est sage." Ta décision est juste, mon fils. Prends cet or et va à la capitale. Tu achèteras les meilleures graines et, à ton retour, tu sèmeras le jardin dont tu as rêvé. Que ton souvenir et celui de ces hommes généreux vivent à jamais dans la mémoire des pauvres gens.

Le jeune disciple met l'or dans un sac qu'il passe par-dessus son épaule et se met en route.

Il marche des jours et des jours dans la steppe et finit par arriver à la capitale où vit le khan. Il se dirige vers le bazar et se met à la recherche du meilleur marchand de graines. Il se perd dans les ruelles de la grande ville, il est fasciné par la quantité de marchandises exposée sur les étals. Soudain, il entend tinter des clochettes.

Il se retourne et voit une immense caravane, avec un chargement étrange : au-dessus des chameaux flotte un nuage de plumes multicolores et, sur leurs flancs, des milliers d'oiseaux attachés aux selles par les pattes se débattent. Des oiseaux des montagnes, des forêts, des steppes et des déserts tentent de se libérer de leurs entraves. Leurs ailes déplumées pendent pitoyablement, leurs têtes heurtent violemment les flancs des bêtes. Les oiseaux poussent des cris stridents qui fendraient une pierre en deux.

La colère submerge le jeune homme. Il se fraye un passage à travers la foule de curieux, se dirige vers le chef de la caravane et hurle :

— Qui a osé condamner ces oiseaux à un tel supplice ? Où les emmènes-tu comme cela ?

— Nous allons au palais du khan, répond le chef de la caravane. Ces oiseaux sont destinés à ses cuisines. Il nous en payera cinq cents pièces d'or.

— Si je t'en offre le double, accepteras-tu de les libérer ?

Sans attendre de réponse, il pose le sac d'or par terre et l'ouvre, sous le regard ébahi du caravanier qui n'en croit pas ses yeux. Le jeune disciple compte les pièces d'or, il en a mille, très exactement. Il les donne au caravanier. Celui-ci ordonne immédiatement à ses hommes de détacher les oiseaux à moitié morts.

À peine libres, tous les oiseaux prennent leur envol. Ils sont si nombreux qu'en un seul instant le ciel s'obscurcit, passant du jour à la nuit. Ils sont si nombreux que le seul battement de leurs ailes provoque un ouragan.

Le jeune homme les suit du regard aussi longtemps qu'il le peut. Quand ils ont complètement disparu, il ramasse son sac vide et prend le chemin du retour.

Il avance d'un pas joyeux, le cœur léger.

Il marche des heures et des heures. Mais plus il se rapproche de la hutte du vieux sage, plus il a le cœur lourd. Il est bientôt rongé par le remords : "J'ai dépensé de l'or qui ne m'appartenait pas, juste pour une lubie. J'avais promis de faire pousser un jardin pour les miséreux. Comment expliquer mon geste à mon maître et aux braves gens qui attendent les graines ?”

Plus il marche et plus le désespoir le gagne. Il se met à pleurer. Épuisé par le chagrin, il finit par s'arrêter. Il pleure tant et tant qu'il s'endort.

Au lever du jour, un oiseau multicolore vient se poser sur sa poitrine et se met à chanter d'une voix mélodieuse :

— Jeune homme au cœur si bon, oublie ton chagrin ! Les oiseaux que tu as libérés viennent te remercier ce matin. Ouvre les yeux et regarde autour de toi. Ce que tu verras à jamais te réjouira. Réveille-toi !

L'oiseau prend son envol. Le jeune homme se réveille et regarde autour de lui. Un spectacle inimaginable s'offre à lui. Il pense qu'il rêve. Il se frotte les yeux. La steppe immense n'est plus qu'une nuée multicolore d'oiseaux affairés. De leurs griffes, ils tracent des sillons dans la terre. Du bout de leur bec, ils sèment des graines qu'ils recouvrent en balayant la terre de leurs ailes.

Quand le jeune disciple se lève, les oiseaux prennent leur envol et regagnent le ciel. Le jour devient nuit et le battement de leurs ailes provoque un ouragan.

Quand ils ont disparu, le jeune homme voit chaque graine plantée germer, pour donner une pousse qui, en un clin d'œil, devient un arbre immense avec un feuillage luxuriant et des fleurs épanouies. Il voit, abasourdi, chaque fleur laisser la place à une pomme d'or.

Des vignes chargées de grappes juteuses enlacent les troncs couleur d'ambre des pommiers.

Des prés verdoyants et ensoleillés s'étalent à perte de vue. Des sentiers ombragés traversent le jardin, des rigoles d'eau claire, pavées de pierres précieuses, serpentent entre les arbres. Dans les branches, des milliers d'oiseaux font leurs nids et chantent à tue-tête.

Même le padichah d'Inde n'aurait pas osé rêver un jardin aussi merveilleux.

Pour vérifier qu'il est bien réveillé, le jeune homme se pince violemment la joue et pousse un cri. L'écho reprend son cri, reprend son cri, reprend son cri, à l'infini.

Mais le jardin est toujours là, rempli de promesses.

Le jeune disciple rit et saute de joie. Il se sent pousser des ailes. Il prend ses jambes à son cou et court comme une flèche tirée par un archer habile, pour aller porter la bonne nouvelle à son maître.

Quand ils ont écouté son histoire, le vieux sage, ses trois disciples, Hassan, Assan et les jeunes mariés ont hâte de voir le prodige. Le jeune homme les guide jusqu'au jardin.

Et ils arrivent, ils admirent et savourent un avant-goût du paradis.

On raconte qu'en moins de temps qu'il n'en faut pour le dire, la nouvelle du jardin merveilleux a fait trois fois le tour des steppes d'Asie. On raconte que les nobles et les puissants sont arrivés les premiers, sur leurs chevaux rapides comme le vent. On dit que chaque fois que l'un d'eux a tenté de cueillir une pomme d'or, les branches se sont dérobées, laissant ses mains avides vides.

On raconte que l'un d'eux a réussi, au risque de sa vie, à cueillir une pomme, en s'accrochant aux branches qui se soulevaient, on dit que quand il a porté le fruit à sa bouche il en est mort foudroyé.

On dit que, quand ils ont voulu boire, l'eau des rigoles les a empoisonnés. Voilà pourquoi on n'a plus revu dans le jardin un seul cavalier fortuné.

La légende affirme que, beaucoup plus tard, les gueux, les pauvres et les mendiants sont arrivés, à pied. Des jeunes et des vieux, des familles et des solitaires, des gens du pays et des étrangers. Pour eux, les branches se sont baissées pour offrir les fruits qu'elles portaient. Les visiteurs se sont installés à l'ombre des arbres, ont bu l'eau claire des rigoles et se sont rassasiés. Ils ont respiré le parfum des fleurs et écouté le chant des oiseaux.

On dit que, quand la nuit est tombée, les arbres ont pris une teinte bleutée, les étoiles ont brillé et, enfin tranquilles, les visiteurs se sont endormis, à l'abri de la faim et des soucis, pour la première fois de leur vie.

Le jardin merveilleux existe quelque part encore aujourd'hui. Puissent vos pas vous y mener un jour.

CORBEAU VOLE LA LUMIÈRE

Bien avant le début du monde, quand rien n'existait encore, avant le grand déluge, avant que les animaux ne marchent sur la terre, avant que les arbres ne jaillissent du sol, avant que les oiseaux ne volent entre les branches, avant même que les poissons, les baleines et les phoques ne nagent dans la mer, avant tout cela, il y avait un vieil homme qui vivait dans une maison au bord d'une rivière, avec sa fille unique.

Était-elle aussi belle qu'une flèche de sapin sur un ciel de printemps au lever du soleil, ou était-elle aussi vilaine qu'une limace de mer? Cela n'a aucune importance puisque cette histoire se déroule dans l'obscurité totale.

En ce temps-là, le monde entier n'était qu'obscurité. Un noir d'encre, plus noir que noir, plus sombre qu'un millier de nuits orageuses d'hiver. Rien n'a jamais atteint une telle obscurité nulle part depuis.

C'est à cause du vieil homme qui habitait la maison au bord de la rivière que cette obscurité d'une densité incommensurable recouvrait le monde. Il possédait une boîte, qui contenait une autre boîte, qui contenait une autre boîte, qui contenait une autre boîte… Un nombre infini de boîtes, chacune à peine plus grande que l'autre. La dernière était si petite qu'elle ne pouvait contenir que la lumière de l'univers.

Grand Corbeau, qui existait bien entendu déjà, car il a toujours existé et existera toujours, n'était pas vraiment satisfait de cet état de choses. Il n'y voyait pas clair, il se cognait souvent, il trébuchait, il heurtait les obstacles qui se dressaient sur son parcours. Cela ralentissait énormément sa recherche de nourriture, compliquait sa quête des plaisirs de la chair et contrariait ses efforts permanents pour se mêler de tout et pour changer le cours des choses.

À force de s'agiter inutilement dans l'obscurité dense et intense, Grand Corbeau arriva finalement près de la maison du vieil homme. Il entendit une voix qui chantonnait tout bas. Il la suivit et se retrouva devant le mur de la maison. Il y colla l'oreille et put distinguer les paroles : "J'ai une boîte, dans une autre boîte, dans une autre boîte, dans une autre boîte, tant et tant de boîtes… dans la plus petite, la lumière du monde est enfermée. La lumière est à moi, à moi seul. Je ne la donnerai à personne, pas même à ma fille unique car, qui sait, elle pourrait être aussi laide qu'une limace de mer, et ni elle ni moi ne souhaiterions le savoir. J'ai une boîte, dans une autre boîte…"

Grand Corbeau décida immédiatement de voler la lumière, mais il lui fallut beaucoup de temps pour trouver le moyen d'y parvenir.

Il lui fallut tout d'abord trouver une porte pour entrer dans la maison. Il en fit le tour maintes et maintes fois, il en tâta les parois de bois maintes et maintes fois, mais la maison demeura une forteresse lisse et imprenable. Il lui arriva d'entendre le père ou la fille sortir de la maison pour aller chercher de l'eau, mais ils sortaient toujours du côté opposé à celui où il se trouvait et, quand il se précipitait de l'autre côté, le mur était aussi lisse et fermé.

Grand Corbeau finit par remonter loin vers l'amont de la rivière. Il réfléchit inlassablement au moyen de pénétrer dans la maison. Plus il réfléchissait et plus la jeune fille occupait ses pensées. Penser à elle mettait son imagination en ébullition. "Elle est peut-être aussi avenante qu'une limace de mer, mais elle pourrait être aussi belle qu'une flèche de sapin sur un ciel de printemps au lever du soleil, si seulement il y avait assez de lumière pour qu'il y en ait un."

Et c'est en retournant ses idées dans tous les sens qu'il trouva la solution.

Il attendit que la jeune fille sortît chercher de l'eau à la rivière, il avait appris à distinguer ses pas de ceux du vieux père. Il prit la forme d'une aiguille de sapin, se jeta dans la rivière et se laissa flotter jusqu'au seau que la jeune fille plongeait dans l'eau.

Même dans sa forme la plus ténue, Grand Corbeau était capable de magie, juste assez pour que la jeune fille ressente une soif terrible. Elle se désaltéra d'une gorgée d'eau puis d'une autre et avala l'aiguille de sapin.

C'est ainsi que Grand Corbeau parvint à se glisser dans ses entrailles chaudes. Il se nicha au creux de son ventre douillet et confortable et prit la forme d'un tout petit humain qui s'endormit pour quelque temps. Plus il dormait, plus il grandissait.

La fille n'avait pas la moindre idée de ce qui se passait dans son corps qui se transformait. Elle n'en dit rien à son père. Celui-ci ne se douta de rien à cause de l'obscurité. Un jour, Grand Corbeau jaillit triomphalement du ventre de la jeune fille, sous la forme d'un petit garçon. L'enfant avait une drôle d'allure, il avait un nez long comme un bec, quelques plumes éparses et le regard perçant de Corbeau qui lui donnait un air vif et curieux. Mais nul ne pouvait bien entendu voir tout cela.

Le vieux père prit soudain conscience d'une nouvelle présence dans la maison.

Il faut dire que le petit était très bruyant. Il avait la voix d'un enfant capricieux mêlée des cris colériques d'un corbeau. Il lui arrivait parfois d'avoir une parole douce comme le bruissement du vent dans les rameaux d'un sapin, suivi du tintement de clochette, si caractéristique du langage des corbeaux.

Quand le petit prenait cette voix mélodieuse, le grand-père se prenait à aimer cet étrange nouveau venu. Il passait des heures à s'amuser avec lui, à lui fabriquer des jouets et à lui inventer des jeux.

Grand Corbeau réussit à gagner la confiance du vieux. Il en profita pour explorer les moindres recoins de la maison, à la recherche de la lumière. Après maintes explorations, il finit par trouver une grande boîte. Certain d'y trouver la lumière, il l'ouvrit, mais le bout de ses doigts ne put distinguer qu'une autre boîte, légèrement plus petite. Le grand-père entendit le couvercle se refermer. Il réprimanda durement le voleur en herbe et le menaça des pires punitions si jamais il osait toucher son trésor.

Corbeau protesta bruyamment, puis de sa voix la plus tendre, il amadoua son grand-père. Il ne mentionna jamais la lumière, mais tous les jours, inlassablement, il supplia : "Cette boîte est la seule chose qui puisse me rendre heureux. Je ne veux rien d'autre au monde. S'il te plaît, grand-père, donne-la moi."

Et comme tous les grands-pères, celui-ci finit un jour par céder. Il donna la boîte la plus grande à son petit-fils. Celui-ci laissa passer un long moment avant de repartir à la charge : "Grand-père, donne-moi l'autre boîte. Allez, si tu veux me rendre heureux, c'est la seule chose que je désire… Grand-père…" Des cris, des menaces puis des tendresses et le vieil homme lui donna la deuxième boîte… puis la troisième… puis la quatrième… puis…

Quand il ne resta plus qu'un nombre infime de boîtes, une faible lueur filtra, révélant quelques formes indistinctes et des ombres infiniment ténues. De colères en cajoleries, de menaces en tendresses, il ne resta plus que la dernière toute petite boîte.

D'une voix à faire fondre les pierres, l'enfant corbeau supplia de nouveau le vieil homme : "Grand-père, laisse-moi tenir la lumière une fois, une seule fois, un tout petit instant. Juste un instant. S'il te plaît grand-père…"

Le grand-père refusa énergiquement, mais le petit insista encore et encore et, de guerre lasse, le vieil homme ouvrit la dernière boîte, saisit une boule incandescente et la lança au petit. Il eut juste le temps d'apercevoir son petit-fils tant aimé, car avant même d'attraper la lumière, celui-ci avait repris sa forme de corbeau. Il déploya ses ailes et ouvrit le bec pour saisir la boule de lumière puis il prit son envol et regagna l'obscurité du monde à travers la cheminée.

Le monde en fut totalement transformé.

Les lignes des montagnes et des vallées se dessinèrent. La rivière étincela de reflets irisés et la vie s'anima. Très loin, à l'horizon, une autre silhouette ailée prit son envol : la lumière avait atteint les yeux de l'aigle pour la première fois, lui montrant sa proie.

Grand Corbeau était tout à sa joie de détenir la lumière, et heureux de voir le monde qui l'entourait sans craindre de heurter un obstacle. Il ne vit pas l'aigle qui fonçait sur lui. Quand celui-ci fut sur le point de le saisir dans ses serres, Grand Corbeau, pris de panique, tenta de lui échapper. Il changea brusquement de cap et laissa échapper la moitié de la lumière de son bec. Elle tomba sur un rocher et se brisa en mille morceaux ; un grand éclat et plusieurs tout petits. Les débris de lumière rebondirent jusqu'au ciel. C'est depuis lors que la lune et les étoiles rendent hommage à la nuit.

Grand Corbeau vola jusqu'au bout du monde afin d'échapper à l'aigle. Arrivé au bord de la terre, épuisé, il laissa tomber le dernier morceau de lumière de son bec. Celui-ci flotta sur les nuages puis s'éleva dans le ciel, derrière les montagnes de l'Est. Ses premiers rayons atteignirent la cheminée de la maison près de la rivière.

Le vieil homme pleurait la perte de la lumière et la trahison de son petit-fils. Il regarda le soleil se lever et vit pour la première fois sa fille, tranquillement assise, abasourdie par ce torrent d'événements.

Elle était aussi belle qu'une flèche de sapin sur un ciel de printemps au lever du soleil.

Le vieil homme sourit.

L'ARBRE D'OR

Il y avait autrefois en Inde un empereur qui souhaitait une descendance nombreuse, aussi avait-il cinq femmes. Les quatre premières avaient mis au monde des garçons et des filles. La cinquième, la plus belle et la plus avisée entre toutes, n'avait jamais eu d'enfants.

Dans le palais, les mauvaises langues laissaient entendre au souverain qu'il aurait mieux fait de la répudier. Ses coépouses n'étaient pas en reste pour inventer mille et mille forfaits dont elles l'accusaient. Les couloirs bruissaient de paroles malfaisantes à l'égard de la malheureuse.

Un jour, l'empereur, excédé par ces médisances, finit par bannir sa plus jeune épouse. Il la chasse hors du palais avec, pour tout bagage, les vêtements qu'elle porte sur elle.

La jeune reine marche devant elle, elle erre par les chemins, ne sachant où aller. À force de marcher, elle arrive dans une forêt dense et immense. Elle s'y perd une journée entière, sans boire ni manger. À la tombée de la nuit, effrayée, elle se hisse tout en haut d'un arbre pour se mettre à l'abri des bêtes sauvages, mais la peur et la faim l'empêchent de dormir.

Au lever du jour, elle est épuisée. Elle a à peine assez de forces pour redescendre de l'arbre. Elle fait quelques pas, titube et tombe. Soudain, un bruissement dans le feuillage la fait tressaillir ; un homme âgé, un vagabond sans doute, surgit des buissons. La reine, effrayée, tente de se relever et de s'enfuir mais le vieil homme lui parle d'une voix paisible :

— Pourquoi as-tu si peur, ma fille ? Je ne te ferai aucun mal.

La jeune femme éclate en sanglots.

— Ne pleure pas. Ma maison n'est pas loin, tu pourras t'y reposer tranquillement et manger à ta faim. Je ne suis pas riche mais la forêt a toujours subvenu à mes besoins. Viens.

Le visage du vieil homme est souriant et inspire confiance à la jeune reine. Elle se lève en s'appuyant sur son bras et le suit chez lui. Sa cabane est misérable, mais l'intérieur est propre et accueillant. Le vieil homme lui donne à boire et à manger, du pain et du vin. Elle prend un bain et va se coucher. Elle dort profondément et fait un rêve : *Elle marche dans un beau jardin où un arbre d'or se dresse au milieu d'un bassin merveilleux. Les feuilles sont d'or fin et les fleurs, des grappes de diamants qui étincellent au soleil. Elle voit le vieil homme, entièrement vêtu de blanc, marcher vers elle. Il lui tend une amulette qui représente l'arbre d'or et une chaîne en or. Elle attache l'amulette autour de son cou.*

Elle se réveille. Elle ne sait pas combien de temps elle a dormi. Elle passe la main autour de son cou et l'amulette de son rêve pend à son cou. Elle comprend que le vieil homme est son protecteur.

— Bonjour père, lui dit-elle, j'ai bien dormi.

— Bonjour ma fille, le repas est prêt, mangeons.

Elle s'installe devant une table recouverte de pousses, de noix et de baies aussi savoureuses que les délicatesses auxquelles elle était habituée au palais. Après le repas, le vieil ermite lui demande :

— Comment t'es-tu retrouvée dans cette forêt, seule au monde ?

— Père, mes quatre coépouses ont toutes des enfants. Tout le monde a poussé mon mari l'empereur à me bannir, parce que je n'en ai pas et il m'a chassée du palais. La vie est terrible pour les femmes. Je vais t'annoncer une nouvelle que tu es le premier à apprendre : je suis enceinte.

— Tu resteras ici jusqu'à ce que ton mari réalise qu'il a agi comme un lâche. Il a été faible et injuste à ton égard.

La jeune reine s'installe dans la cabane du vieil homme, au cœur de la forêt. Elle l'aide en cueillant des baies, des pousses et des noix et participe à l'entretien de la maison. Elle apprend à le connaître et découvre ses talents d'orfèvre.

Le vieil homme est un artisan d'une grande habileté. Il fabrique des bijoux et des objets avec l'or qu'il extrait d'une mine qu'il a creusée au fond d'une grotte dont lui seul connaît l'existence. Il purifie le métal et fabrique des objets d'une grande beauté. Ses plus belles œuvres représentent un arbre semblable à celui de l'amulette.

Un jour, elle ose lui demander :

— Père, pourquoi ne vends-tu pas tout ce qui naît de tes mains ? Tu pourrais devenir riche.

— Ma fille, quand je finis un objet que je trouve à mon goût, je le fonds de nouveau pour en fabriquer un autre. C'est créer qui m'importe plus que tout, l'objet fini n'a aucun intérêt pour moi.

Quelques mois plus tard, la reine met au monde un petit garçon vigoureux et beau. La même nuit, là-bas dans le palais, l'empereur fait un rêve : *Il est debout à côté d'un arbre d'or. Les feuilles sont d'une grande finesse, toutes dentelées, les fleurs sont des grappes de diamants qui étincellent au soleil et le tronc d'un or d'une pureté incroyable. Il retient son souffle, s'approche de l'arbre et voit, sur le tronc, le reflet du visage de sa jeune épouse. Il est envahi par le remords. Il tend la main vers le tronc pour caresser son visage, l'arbre disparaît...*

Quand il se réveille, un chagrin immense lui serre le cœur ; une double perte, celle de sa jeune épouse et celle de l'arbre d'or. Le rêve le hante toute la journée et, la nuit suivante, à peine s'est-il endormi qu'il refait le même rêve. Il tente de toucher le tronc de l'arbre d'or pour caresser le reflet de sa jeune femme et l'arbre disparaît.

Le même rêve toutes les nuits, le même arbre d'or, le même reflet du visage de sa femme. Toutes les nuits. Et tous les jours ce même chagrin qui pèse si lourd.

Il finit par demander conseil à son vizir. Celui-ci fait appel à tous les devins pour lesquels les rêves n'ont pas de secret. Ils viennent nombreux mais ne réussissent pas à s'entendre. Les uns conseillent au souverain d'aller à la recherche de sa jeune femme : "Tu te languis d'elle, va donc à sa recherche. Quand tu la retrouveras, ton rêve s'évanouira." D'autres lui préconisent d'aller à la recherche de l'arbre d'or et de le ramener au palais. D'autres encore lui conseillent de commander un arbre d'or à un orfèvre.

L'empereur les écoute mais il a un seul désir ; retrouver sa femme bannie. Quand il pense à elle, il ressent une honte infinie. Il envoie des messagers aux quatre coins du pays annoncer qu'il la cherche, qu'elle est la bienvenue au palais, qu'il est prêt à l'accueillir à bras ouverts, à s'excuser. Mais peine perdue, nul ne réussit à la retrouver.

Le souverain craint le pire. L'a-t-il envoyée vers une mort certaine ? Est-elle morte de froid et de faim ? Son chagrin devient insupportable et le rêve continue de hanter son sommeil toutes les nuits. Le même rêve toutes les nuits. Chaque fois qu'il tente de toucher le tronc de l'arbre d'or pour caresser le reflet du visage de la jeune reine, l'arbre disparaît et il se réveille en nage, tremblant de fièvre.

Il commande un arbre d'or au meilleur orfèvre du royaume. Il lui décrit l'arbre de son rêve par le menu détail, mais le résultat est décevant.

Son désespoir est tel qu'il promet la moitié de son royaume à celui ou celle qui réussira à trouver l'arbre d'or de son rêve. Les jours passent, les semaines et les mois passent. Personne ne se manifeste.

— J'irai le chercher tout seul ! annonce-t-il à ses enfants. Toi, l'aîné de mes fils, tu prendras en charge le palais, en attendant mon retour.

L'empereur s'habille en mendiant afin de ne pas attirer les voleurs, et s'en va sur les chemins. Il sait qu'il n'aura pas de répit tant qu'il ne tiendra pas, dans ses mains, l'arbre d'or. Il sillonne le royaume, d'est en ouest, du nord au sud. Il questionne tous ceux qu'il croise mais nul n'a entendu parler de l'arbre d'or.

Au bout de plusieurs mois, il sait qu'il ne le trouvera jamais. Il sait que son rêve le guettera toutes les nuits. Il décide de rentrer chez lui. Sur le chemin du retour, il traverse une forêt dense. Au bord du chemin, il rencontre un vieux voyageur. Les deux hommes se saluent et l'empereur demande à l'inconnu s'il a entendu parler de l'arbre d'or. Le vieil homme hoche la tête et répond :

— Viens chez moi te reposer de ton long voyage, ensuite nous parlerons de l'arbre d'or.

Il l'emmène à travers la forêt jusqu'à sa vieille cabane. L'empereur entre, il est accueilli par une jeune femme dont le visage est caché par un voile et qui porte un tout petit enfant. Il admire la beauté inhabituelle du petit mais ne reconnaît ni sa femme ni son fils.

La jeune reine le reconnaît malgré ses vêtements de mendiant mais elle n'en laisse rien voir. Quand l'empereur a terminé son repas, le vieil homme lui dit :

— L'arbre d'or que tu cherches est quelque part dans cette forêt. Marche et cherche un ruisseau, large et profond. Longe-le vers l'amont, il s'élargira et deviendra une grande rivière. Plus tu avanceras et plus l'eau sera chaude. Marche jusqu'à la source où l'eau jaillit du cœur de la terre, elle sera brûlante. L'arbre d'or se dresse au milieu du bassin de cette source. Tous ceux qui ont tenté de s'en approcher y ont péri noyés dans l'eau brûlante. Si tu prends mes chaussures, tes pieds seront protégés. Tu seras le premier à atteindre l'arbre d'or et il t'appartiendra. Ensuite, tu devras me rendre mes chaussures, autrement tu perdras l'arbre pour toujours.

Le vieil homme tend ses chaussures à l'empereur qui les attache à sa ceinture avant de repartir.

Il s'enfonce dans la forêt et marche longtemps avant de trouver le ruisseau. Il le longe vers l'amont et le voit s'élargir. L'eau est de plus en plus tumultueuse et le sol de plus en plus chaud. La forêt est de plus en plus dense et il a de plus en plus de mal à avancer.

Il arrive enfin à la source. L'eau jaillit de la terre en un jet de la hauteur d'une maison. Un nuage de buée recouvre le site et laisse à peine entrevoir une lumière chaude, l'arbre d'or. L'empereur n'en croit pas ses yeux mais le bouillonnement de l'eau l'effraie. Il enfile les chaussures du vieil homme et pose précautionneusement un pied dans l'eau. Le contact de l'eau lui rafraîchit le pied et, soudain, le brouillard qui enveloppait le site se dissipe. Il voit pour la première fois l'arbre d'or, en entier, devant lui. Il est encore plus beau que dans le rêve. Il se laisse entraîner par le courant et flotte à la surface de l'eau jusqu'à atteindre un rocher circulaire.

Là, il est tout près de l'arbre d'or, comme dans son rêve. Il tend la main et comprend que l'arbre n'est pas en or solide. Il n'est pas devant un arbre mais devant une source d'or qui jaillit du cœur de la terre et dont le jet ressemble à un arbre. Il ne peut s'empêcher de tendre la main pour le toucher. Quand ses doigts effleurent le jet, une partie de ce qui semblait être un tronc se solidifie et se détache, pour lui rester dans la main.

L'empereur réalise son rêve. Il repart emportant l'arbre d'or qui flotte à la surface de l'eau, aussi léger qu'un fétu de paille. Il s'y accroche et se laisse porter par le courant. Il regarde une dernière fois la source d'or et se réjouit de la voir jaillir, à chaque instant, comme un arbre neuf. Il pose le regard sur l'arbre d'or solidifié auquel il est accroché et sourit. Il vient de résoudre l'énigme de son rêve inachevé.

L'empereur atteint la rive. Quand il tente de sortir l'arbre de l'eau, celui-ci pèse son poids réel. Il est si lourd qu'il a du mal à le soulever. Il l'empoigne, tire de toutes ses forces et le pose enfin sur le bord. Au même instant, il aperçoit, sur le tronc, le reflet du visage de sa jeune reine. Son cœur se serre.

Malgré sa fatigue, l'empereur se lève, porte l'arbre d'or et se dirige vers la cabane du vieil homme pour lui rendre ses chaussures. Il tient à garder l'arbre.

Il pose son trésor dans la vieille cabane. Le vieil homme sourit, la femme au visage voilé aussi, mais nul ne voit son sourire.

Le souverain est épuisé et il a le cœur lourd. Il se confie au vieil homme. Il lui raconte comment il a chassé sa jeune épouse loin du palais parce qu'elle ne lui donnait pas d'héritier. Il lui dit son amour pour elle et ses remords. Sa honte d'avoir agi comme un lâche. Il pleure.

La jeune reine le laisse pleurer un bon moment puis elle retire son voile et découvre son visage. L'empereur n'en croit pas ses yeux. Il croit qu'il rêve. Il rêve. Il rêve ? Il réalise son rêve !

Il se lève vers elle et aperçoit l'amulette en or qui pend à son cou. Il se met à genoux devant elle et lui demande de lui pardonner :

— Je n'aime que toi, reviens. Tu seras ma seule reine.

Elle le laisse un moment à ses regrets puis elle sourit :

— Voici ton fils. Nous rentrons chez nous.

L'empereur, la reine et l'enfant font leurs adieux au vieil homme de la forêt. Au moment de porter l'arbre d'or, celui-ci redevient aussi léger qu'il l'était à la surface de l'eau.

Ils rentrent tous trois au palais, enfin réunis.

L'empereur se sépare de ses autres femmes. Il plante l'arbre d'or sous ses fenêtres, dans la cour où l'enfant aime jouer.

LE PRINCE TIMIDE

Il y avait autrefois un prince qui aimait, plus que tout au monde, la chasse. Tous les matins, il partait sur son cheval en quête de gibier et ne rentrait qu'au coucher du soleil.

Un jour, il est tout à sa chasse et ne voit pas le temps passer. Il se laisse surprendre par le coucher du soleil. Il se hâte pour rentrer avant la nuit et emprunte un raccourci qui traverse les terres du royaume voisin.

Il passe devant le palais du roi voisin. La princesse prend le frais sur la terrasse. Quand il l'aperçoit, le prince est foudroyé par sa beauté. Il tire sur les rênes de son cheval, l'immobilise et mange la jeune fille des yeux, sans bouger.

La princesse le voit, comme pétrifié, en train de la regarder. Elle ramasse précipitamment ses affaires et disparaît aussitôt.

Le prince reste là, ébloui par la beauté de la jeune fille, incapable de prendre une décision ou de guider sa monture. C'est son cheval qui le ramène jusqu'à la *hujra* du palais de son père, le pavillon où les hommes célibataires ont coutume de passer la nuit.

Un serviteur l'aide à mettre pied à terre. Le prince, toujours sous le choc, va s'allonger sur un sommier de corde cassé, dans l'une des pièces du pavillon.

Une fois seul, il dessine sur une feuille de papier le plan du chemin qu'il a parcouru pour rentrer. Il y situe le palais du roi voisin, décrit la beauté de la princesse et plie la feuille qu'il cache sous le sommier.

Le lendemain matin, le prince ne se lève pas. Pendant la journée, nul ne le voit et chacun pense qu'il est à la chasse. À la nuit tombée, la reine cherche son fils dans le palais. Elle ne l'a pas vu depuis la veille. Elle questionne tous les serviteurs, nul ne l'a aperçu. La journée et la nuit suivantes, la reine est très inquiète. Elle finit par aller trouver le roi :

— Notre fils n'a pas donné signe de vie depuis deux jours. Il faut le retrouver.

Le roi ordonne à tous ses sujets de se mettre à la recherche du prince. Les hommes sillonnent le royaume, ils fouillent les villages, les moindres recoins des villes, les hameaux. Aucune trace du prince.

Le palais est en ébullition et le prince, lui, est toujours couché sur le sommier de corde dans la *hujra.* Nul ne songe à aller le chercher là.

Le roi est au sommet de l'inquiétude. Il promet mille roupies à celui qui retrouvera son fils.

Quelque part dans le royaume, dans une petite maison, une femme est avec son mari boiteux :

— Mille roupies à gagner. Des jeunes gens vaillants sillonnent le royaume à la recherche du prince et toi tu es tranquillement assis à la maison. Il ne te vient pas à l'idée de bouger. Prends ton bâton et va donc voir dans la *hujra* du palais royal si le prince n'y est pas. Mille roupies à gagner. Une fortune.

Sans trop y croire, l'homme boiteux s'appuie sur son bâton, se lève nonchalamment et se rend avec peine à la *hujra* du palais royal.

Le pavillon est vaste et les chambres y sont nombreuses. L'homme jette un œil dans une pièce, puis dans une autre et dans une autre encore, jusqu'à arriver dans celle où le prince dort, entièrement recouvert de la bande de tissu de son turban.

— Qui est là ? demande le boiteux.

Le prince, à moitié inconscient, ne répond pas. L'homme s'approche de lui, retire doucement la bande de tissu et découvre le jeune homme somnolent.

— J'ai trouvé le prince ! hurle-t-il. Le prince est ici ! Le prince est ici !

Les serviteurs l'entendent et se précipitent au chevet du jeune homme. Ils soulèvent le sommier et le portent jusque devant le roi :

— Voici le prince, notre roi. Il est mourant.

Le roi fait donner mille roupies à l'homme boiteux et convoque les meilleurs médecins du royaume. Ils auscultent le jeune homme, discutent pendant des heures puis l'un d'eux va trouver le souverain :

— Cher roi, pour ausculter un malade, nous prenons son pouls. C'est ce qui nous permet de connaître l'origine de son mal. Nous avons pris le pouls de votre fils et aucun parmi nous n'a réussi à percevoir une maladie quelconque. Votre fils n'est donc pas malade.

— Il est là, inconscient, incapable de se lever et vous osez me dire qu'il n'est pas malade ? hurle le roi.

Les médecins tentent, faute de mieux, d'administrer au prince une potion revigorante. Il est incapable d'avaler une seule goutte. Il recrache tout le liquide.

— Nous ne pouvons rien pour votre fils, déclarent-ils, avant de quitter le palais.

Le roi est au comble du désespoir, il ordonne à ses serviteurs de forcer son fils à boire le reste de la potion.

La reine arrive et supplie :

— Laissez-le tranquille. Il est assez faible comme cela.

Elle appelle les femmes du palais à la rescousse. Elles arrivent l'une après l'autre et, en quelques minutes, le prince est entouré de femmes qui tentent de le réveiller en douceur, de le masser, de lui parler. La femme du vizir arrive en dernier. Elle observe le prince quelques instants et dit à ses compagnes :

— Laissez-moi seule avec lui.

Quand elle se retrouve seule avec le malade, elle chuchote :

— Prince stupide ! Arrête de faire l'imbécile. Il te suffit de nous dire qui est la jeune fille dont tu es amoureux et le roi ton père fera en sorte qu'elle devienne ta femme. Parle.

Le jeune homme ouvre les yeux et murmure dans un sourire :

— Regarde !

Il tend à la femme le plan qu'il avait dessiné en rentrant de la chasse et lui explique qui est la jeune fille à l'origine de son émoi.

La femme du vizir porte le plan au roi et lui explique l'affaire. Celui-ci ne tarde pas à prendre sa décision :

— Allez donc, la reine et toi, demander la main de cette princesse auprès de sa mère. Je partirai de mon côté avec mon vizir pour faire la demande à son père. Je donnerai une suite favorable à toutes leurs exigences.

Ils partent au même moment vers le palais du roi voisin. Chacun fait sa demande de son côté en vantant les qualités du prince qui se languit et l'immensité de sa richesse et de son courage. Il n'en faut pas plus pour les convaincre.

Il faut dire que, pour le père de la princesse, cette alliance est une garantie de paix avec le royaume voisin. Il fait part de toutes ses exigences pour le mariage ; les cadeaux à offrir à la mariée, l'organisation de la noce, les festivités, les invités, la cérémonie. Le père du prince répond à toutes les demandes en répétant inlassablement : "Oui, oui, oui, oui." Ils fixent la date des noces, quinze jours plus tard.

Quand le prince apprend la nouvelle, il recouvre immédiatement la santé et l'appétit. Il reprend des forces et se prépare pour le grand jour. C'est l'effervescence dans le palais, jusqu'au jour où le prince part avec une escorte chercher la fiancée.

Comme le veut la coutume, le cheikh est là avec deux témoins. Quand ils demandent à la princesse si elle consent à épouser le prince, elle les regarde dans le blanc des yeux et répond :

— C'est maintenant que vous me demandez mon avis ? Je ne peux pas accepter d'épouser ce jeune homme avant qu'il ne vienne, lui-même, se présenter devant la porte de ma chambre !

Les deux témoins partent donc chercher le prince. Quand il entre dans la chambre de la jeune fille, elle lui demande :

— Jeune homme, veux-tu devenir mon époux ?

— Oui, répond-il en baissant les yeux.

— La première fois que tu m'as vue, tu étais très loin de moi et pourtant tu sais dans quel état tu t'es retrouvé. Quand tu me verras de très près, je crains que tu n'y survives pas. Certes tu as invité des centaines de convives et prévu un festin royal pour les noces, mais moi, je ne donnerai mon accord pour ce mariage qu'à une seule condition. Durant huit jours exactement, je t'observerai. Si pendant huit jours tu te comportes comme un homme normal, je t'épouserai. Si tu agis comme un fou chaque fois que tu poses les yeux sur moi, je te demanderai de m'oublier à jamais. Je viendrai tous les matins chez toi et rentrerai chez mon père dès la nuit tombée. Mais si tu préfères, je peux tout aussi bien faire le contraire. Je peux passer les nuits chez toi et les journées chez mon père.

Le prince a les joues toutes rouges. Il est déconcerté et se contente de hocher la tête. La princesse prend à témoin les personnes présentes :

— J'accepte d'épouser ce prince, aux conditions que je viens de mentionner à l'instant. Prenez-en note.

Quand les formalités sont terminées, elle s'installe dans le palanquin nuptial et se laisse conduire jusqu'au palais du prince.

Les festivités sont grandioses : à boire et à manger pour des centaines de convives. On chante les louanges du roi et des jeunes mariés en leur souhaitant une descendance nombreuse.

Tard dans la nuit, quand la fête est finie, la mariée va se coucher dans la chambre du prince et lui va se coucher dans le pavillon des hommes.

Le lendemain matin, il se lève de bonne heure, se fait raser de près et parfumer par le barbier et va saluer la princesse. Il entre dans sa chambre, lève les yeux vers elle et dès qu'il l'aperçoit, allongée sur son lit, il perd connaissance et s'effondre sur le sol.

Elle tente de lui faire reprendre ses esprits en lui massant les mains. À la nuit tombée, elle regagne son palais.

Le lendemain matin, elle revient chez le prince, entourée de sa suite. Quand il la voit arriver, il a un malaise violent. Il tombe et perd connaissance. Elle rentre chez elle dans l'après-midi.

Le troisième jour, elle arrive chez lui dans la matinée. Cette fois, il tombe évanoui avant qu'elle n'entre dans la chambre. Elle le laisse là, inconscient, et rentre immédiatement chez elle.

Le quatrième jour, avant même que la princesse ne s'annonce, il est déjà loin du palais. Il erre à travers champs, perdu dans ses pensées. Une heure plus tard, il tombe sur un jeune homme, en train de prier sur un tapis. Il le regarde faire sans bouger. Quand le jeune homme a terminé, il se lève et voit le prince :

— Excuse-moi, mon prince. Mais tu viens de te marier. Que fais-tu ici ? Tu ferais mieux d'être avec ta femme pour rendre gloire aux plaisirs que Dieu vous a octroyés.

— Ne pose pas de questions. Mon cœur est triste. Ma timidité détruira mon bonheur.

— Raconte-moi donc ce qui te tourmente ainsi.

Le prince ne se fait pas prier :

— Ma femme est si belle, chaque fois que je pose les yeux sur son corps, je perds connaissance. Il me reste quatre jours pour lui prouver que je suis un homme comme tous les hommes, mais mon corps me trahit.

— Tu sais, je suis encore étudiant en religion, mais je pourrais peut-être t'aider. Attends-moi ici je reviens dans un instant.

L'étudiant dirige ses pas vers la mosquée la plus proche. Il s'y attarde un bon moment puis revient avec un tissu blanc plié dans la main. Arrivé devant le prince, il ouvre le mouchoir et en retire un morceau de papier sur lequel le cheikh a inscrit des formules magiques. Il le plie et le replie puis l'enveloppe de nouveau dans le mouchoir qu'il attache fermement au poignet du prince.

— Ce talisman est magique. Tu peux le tester tout de suite. Regarde ce paysan qui laboure son champ avec ses bœufs. Va donc lui jeter des pierres.

Le prince ramasse des pierres, se dirige vers le paysan et les lui lance, une à une. L'homme est blessé, il se met à hurler : "Qui est le voyou qui m'attaque ainsi !" Il court dans tous les sens, cherche son agresseur qui est pourtant devant lui. Mais il ne voit personne. Il pense que ce sont des *jinns* qui le harcèlent et s'enfuit en courant.

Le fils du roi comprend. Non seulement il est devenu invisible, mais en plus il se sent un culot jamais imaginé auparavant. Il remercie le jeune homme qui lui dit :

— Ce talisman peut te sauver. Il te suffira d'un peu d'intelligence et l'affaire est dans le sac. Si jamais tu réussis, je te demande juste de me faire servir tous les matins et tous les soirs un bon repas.

— Juré, promis, dit le prince qui met le talisman dans sa poche.

Il rentre au palais à la tombée de la nuit. La princesse est déjà dans son palanquin, prête à partir pour le palais de son père. Il attache le talisman à son poignet et la suit.

Il la suit quand elle entre dans ses appartements, quand ses soixante dames de compagnie la rejoignent, il se fait discret mais reste à les observer. Elles posent leurs matelas autour du lit de la jeune fille qui est comme une pleine lune entourée d'étoiles.

Quand toutes les jeunes filles sont endormies, le prince se glisse dans le lit de la princesse et lui mordille les joues. Elle se réveille en sursaut et se met à hurler : "Au voleur ! Au voleur !" Elle réveille toutes les autres. Elles cherchent partout et ne trouvent personne. Elles croient à un mauvais rêve et se rendorment.

Au petit matin, le prince rentre chez lui. Il ordonne à ses serviteurs d'empêcher la princesse d'entrer dans le palais et de trouver un prétexte pour l'emmener dans le jardin. Il va trouver son jardinier et le prévient qu'il va engager la conversation avec lui. "Tu dois me demander : « De quoi as-tu rêvé ? »"

Quelques heures plus tard, la voici qui arrive avec sa suite. Les serviteurs l'emmènent dans le jardin où le prince devise avec le jardinier. Quand elle est à portée de voix, il dit à ce dernier :

— J'ai fait un rêve étrange cette nuit.

— De quoi as-tu rêvé ? demande le jardinier.

— J'ai rêvé que j'entrais dans un immense palais. J'ai vu soixante jeunes filles arriver et installer leurs matelas autour d'un lit où une très belle jeune fille était allongée. Quand toutes se sont endormies, je me suis faufilé dans le lit de la belle et je lui ai mordillé les joues. Elle s'est mise à hurler "Au voleur ! Au voleur !" Elle a regardé autour d'elle mais elle ne m'a pas vu. Quand je me suis réveillé le matin, j'étais dans mon lit.

La princesse entend la conversation et marmonne : "Ce n'est pas un rêve !"

Au coucher du soleil, elle repart en direction du palais de son père. Le prince attache son talisman au poignet et la suit de nouveau. Il la suit quand elle entre dans sa chambre à coucher. Il l'entend prévenir ses dames de compagnie :

— Cette nuit, le voleur risque de revenir. Ne dormez pas. Il faut l'attraper.

Les jeunes filles veillent très tard cette nuit-là. Elles luttent contre le sommeil mais finissent tout de même par s'endormir.

Le prince se faufile dans le lit de la princesse. Il soulève son corsage et lui mordille les seins. Elle se réveille en sursaut et crie "Au voleur ! Au voleur !" Les jeunes filles fouillent la chambre de fond en comble, elles cherchent l'intrus jusqu'au petit matin, en vain.

Dès qu'elles se recouchent, le prince regagne son palais. Il prévient son jardinier qu'il va lui raconter un nouveau rêve. “Tu sais quelle question tu dois me poser.”

Le lendemain, la princesse arrive dans le jardin. Quand elle est à portée de voix, le prince engage la conversation avec le jardinier :

— J’ai fait un rêve étrange cette nuit.

— De quoi as-tu rêvé ? demande le jardinier.

— J’ai rêvé que j’entrais dans un immense palais. J’ai vu soixante jeunes filles arriver et installer leurs matelas autour d’un lit où une très belle jeune fille était allongée. Quand toutes se sont endormies, je me suis faufilé dans le lit de la belle jeune fille, j’ai soulevé son corsage et je lui ai mordillé les seins. Elle a hurlé : “Au voleur ! Au voleur !” Ses compagnes se sont réveillées, elles m’ont cherché partout et ne m’ont pas vu. Je me suis réveillé dans mon lit.

Elle en tremble de rage. Elle marmonne : “Ou bien mes dames de compagnie sont ses complices ou alors il se déguise en jeune fille pour se mêler à elles. Il ne perd rien pour attendre. Cette nuit je lui fais sa fête.”

Elle passe la journée en proie à la colère. Au coucher du soleil, elle repart chez elle. Le prince attache le talisman à son poignet et la suit. Il la voit arriver dans ses appartements. Il la regarde passer en revue, une à une, les dames de compagnie. Il l’entend les menacer du pire et les accuser de faciliter la tâche à l’intrus. Elle crie tant et tant que les jeunes filles la laissent toute seule et s’en vont passer la nuit ailleurs. Elle doit dormir toute seule cette nuit-là.

Vers minuit, elle s’endort profondément. Le prince, jusque-là tranquille dans un coin de la pièce, se faufile dans le lit de la princesse. Il défait le cordon de son pantalon, le lui retire et la mordille. Elle se réveille sans savoir si elle dort encore ou si elle rêve. Elle regarde autour d'elle. Elle est seule.

Le prince est déjà reparti chez lui.

Le lendemain matin, elle arrive plus tard que d'habitude. Quand il la voit entrer dans le jardin, il entame la conversation avec le jardinier :

— J'ai fait un rêve étrange cette nuit.

— De quoi as-tu rêvé ? demande le jardinier.

— J'ai rêvé que j'entrais dans un immense palais…

— Tais-toi ! crie la princesse. Tu ne vas pas raconter ce rêve à cet imbécile. Et toi, jardinier, rentre chez toi ! Va-t'en !

Le jardinier obtempère. Quand il a disparu, elle s'approche du prince :

— Tout ce que tu as raconté à cet homme est vrai. Tu le sais. Tu sais que tu n'as pas rêvé. Alors tu vas m'expliquer comment tu as fait pour entrer dans ma chambre sans que nul ne te voie.

Le prince rit. Il lui raconte le talisman qui rend invisible et tout le reste. Tout en lui racontant son histoire, il attache le talisman à son poignet et disparaît aussitôt. Il l'appelle, elle suit la voix mais elle ne le voit pas. Ils jouent à cache-cache un moment puis il retire le talisman. Ils éclatent de rire et tombent dans les bras l'un de l'autre, pour ne plus jamais se quitter.

On dit qu'ils ont vécu longtemps heureux et amoureux.

On dit aussi que le prince n'a jamais omis de faire livrer à l'étudiant en religion un repas le matin et un autre le soir.

Proverbe : Celui qui est timide n'aura pas d'enfants.

LA JEUNE FILLE QUI JAILLIT DE LA MER

Un homme et une femme avaient un fils et une fille, tous deux aussi beaux que le lever du jour.

Le jeune homme travaillait comme berger chez le roi. Sa sœur, elle, vivait encore avec ses parents et lui manquait énormément. Il ne se passait pas une seule journée sans qu'il ne pensât à elle.

Un jour, pendant qu'il garde les moutons, le frère dessine le portrait de sa sœur bien-aimée sur un champignon qu'il ramène avec lui au château. Le fils du roi vient à passer et voit le portrait de la jeune fille. Il en tombe aussitôt profondément amoureux.

— Berger, qui est cette merveille ?

— C'est ma sœur…

— Si elle est aussi belle que son portrait, je veux l'épouser sans plus attendre. Amène-la au château et nous nous marierons. Toi tu vivras ici, auprès de nous.

Le jeune homme file chez lui :

— Sœur sœurette, viens vivre au château, le fils du roi veut t'épouser.

— Frère frérot, je ne partirai pas d'ici avant que la meule de nos parents ne s'effrite à force de moudre. C'est alors que je quitterai la maison familiale.

Le frère fracasse la meule avec une masse et la réduit en morceaux qu'il rassemble de manière à la reconstituer, comme si de rien n'était. Quand sa sœur tente de moudre le blé, la meule s'effrite aussitôt.

— Sœur sœurette, viens vivre au château, le fils du roi veut t'épouser.

— Frère frérot bien-aimé, je ne partirai pas d'ici tant que le banc de mes parents n'est pas entièrement usé à force de s'y asseoir pour filer.

À peine est-elle sortie chercher de l'eau, qu'il se saisit d'une pioche. Il fracasse le banc en petits morceaux qu'il rassemble de manière à le reconstituer, comme si de rien n'était. Quand elle revient, elle s'assied pour filer, le banc s'écroule aussitôt.

— Sœur sœurette, nous allons au château maintenant ?

— Frère frérot chéri. Je ne quitterai pas cette maison avant que le mortier de mon père, d'écraser ne s'effrite.

Le frère désagrège le mortier.

— Sœur sœurette. Maintenant nous allons au château.

— Frère frérot cher à mon cœur. Je ne partirai pas avant d'avoir usé le seuil de la maison avec le bas de ma robe.

Il met le seuil en miettes :

— Et maintenant ? Viens-tu avec moi au château ?

La jeune fille, de guerre lasse, accepte. Elle prend ses plus beaux vêtements et part avec son frère.

Pour se rendre au château du roi, ils doivent prendre la mer. Au moment de larguer les amarres, ils voient Pikka, le chien de la jeune fille, arriver vers eux et sauter dans la barque. Elle n'a pas le cœur de le renvoyer à terre. Ils partent donc avec le chien.

Ils rament depuis un bon moment, quand ils entendent une vieille sorcière les appeler :

— Emmenez-moi avec vous, fils d'homme et fille de femme. Venez me chercher.

Le frère hésite :

— Qu'en penses-tu sœur sœurette ?

— Laissons-la où elle est. Le mal attire le mal. Il ne faut pas l'emmener.

La barque prend le large. Quand ils arrivent en vue du deuxième cap, la sorcière est là. Elle les appelle de nouveau :

— Emmenez-moi avec vous en voyage, jeunes gens !

Le frère demande à sa sœur ce qu'il faut faire :

— Mieux vaut rester loin d'elle, répond-elle. Le mal attire le mal.

Ils continuent de ramer jusqu'au troisième cap. La sorcière est encore là, elle hurle cette fois :

— Je veux partir avec vous ! Venez me chercher !

La sœur insiste, elle ne veut pas. Le frère cède :
— À la volonté de Dieu !

À peine la vieille sorcière est-elle installée dans la barque, qu'elle leur vole l'ouïe. Les deux jeunes gens sont profondément sourds maintenant.

Bientôt, le château est en vue. Le frère, de la poupe, appelle sa sœur :
— Sœur sœurette, prépare-toi, nous arrivons au château.
La jeune fille n'entend pas et crie de la proue :
— Que dis-tu frère frérot ?
C'est la vieille sorcière, installée au milieu de la barque, qui lui répond.
— Il a dit : "Arrête de ramer et saute par-dessus bord."

La jeune fille ne veut pas sauter, mais elle cesse de ramer. La sorcière s'empare aussitôt des rames.

Le frère continue de ramer puis il crie de nouveau :
— Sœur sœurette, lève-toi et pare-toi, nous arrivons au château !
— Que dis-tu frère frérot chéri ?
Du milieu de la barque la sorcière répond :
— Il t'a dit : "Ôte tes souliers, ôte tes vêtements et saute dans la mer."
Elle se déshabille, se déchausse mais elle ne saute pas. Elle lance ses vêtements à la vieille sorcière.

Ils sont sur le point d'accoster. Le frère crie encore une fois de la poupe :

— Sœur sœurette, pare-toi et prépare-toi, nous arrivons !

— Que dis-tu mon cher frère frérot ?

Et la sorcière de répondre :

— Il a dit : "Arrache-toi les yeux, casse-toi les bras et plonge dans la mer !"

— Mon frère est devenu complètement fou ! Mais je dois lui obéir.

La jeune fille saute dans la mer et disparaît dans les flots. Son frère tente de la secourir mais la vieille sorcière le retient :

— Ne te donne pas tant de mal, je peux lui ressembler comme deux gouttes d'eau.

La vieille harpie saisit les rames et se met à ramer à très vive allure. La jeune fille est loin derrière, elle coule à pic. Nul ne la voit, nul ne l'entend.

Le frère n'ose pas se rendre au château sans la fiancée promise, il tente de faire demi-tour mais la sorcière lui dit de sa voix la plus aimable :

— Emmène-moi au château et fais-moi passer pour ta sœur. Non seulement cela t'évitera d'être châtié mais tu seras récompensé pour ta peine.

Désespéré et perdu, le jeune homme accepte. La sorcière enfile la belle robe de fiancée et coiffe ses cheveux. La barque file sur l'eau et finit par arriver au château.

Le fils du roi vient à leur rencontre, tout heureux d'accueillir la mariée. Quand il voit le visage hideux de la sorcière, ses bras retombent le long de son corps :

— Jeune homme, est-ce bien ta sœur ?

— Oui. C'est bien elle.

Le prince est un homme de parole, il épouse bien malgré lui la vieille sorcière mais il est en colère contre le jeune berger qui lui a menti. Il le fait jeter comme un vulgaire criminel dans une fosse où grouillent des vipères et des serpents, afin qu'il soit dévoré tout cru.

Le lendemain matin, le prince trahi envoie ses gardes constater la mort du jeune homme dans la fosse. À leur grand étonnement, ils le trouvent bien vivant :

— Prince, d'habitude les serpents dévorent en une seule nuit leur proie. Cet homme est vivant. Le serpent le plus vieux se repose, lové sur ses genoux.

— Ne vous inquiétez pas, dit le prince. Demain vous irez constater sa mort.

Tout au fond de la mer, la sœur, la belle fiancée, mène une vie tranquille où elle ne manque de rien. Elle est la promise du fils du roi de la mer. Elle a tout pour être heureuse mais elle s'inquiète pour son frère. Elle sait qu'il a été jeté dans la fosse aux serpents. Elle brode une tapisserie de fils d'or et d'argent et demande l'autorisation d'aller sur terre, l'offrir au prince en échange de la liberté de son frère.

Le roi de la mer lui permet d'aller de nuit porter son présent. Mais pour s'assurer qu'elle reviendra, il l'entrave avec de lourdes chaînes en argent.

Pikka, le chien de la jeune fille, est toujours en vie. Il avait passé la journée à tourner autour du château à la recherche de quelqu'un qui lui donne à manger. À la nuit tombée, le pauvre animal, affamé, était allé se coucher, le ventre vide, dans une barque qui était amarrée devant la maison d'une veuve, à un pont de pierre.

Au plus profond de la nuit, la jeune fille surgit des flots, traînant derrière elle ses chaînes en argent. Elle s'assied à l'extrémité du pont. Elle est merveilleusement belle, parée de ses vêtements d'or et d'argent. Elle reconnaît son chien endormi dans la barque et l'appelle. Il l'accueille joyeusement. Elle lui met la broderie dans la gueule et chante :

Pikka, Pikka mon chien bien dévoué
En silence au château tu vas aller
Ouvrir la porte, soulever le loquet
Poser la broderie sur l'oreiller
Du beau prince qui devait m'épouser
Pour que mon frère soit libéré
Nulle porte ne doit grincer
Nulle barrière ne doit craquer
Nulle vache ne doit meugler

Pikka détale en silence. Il pénètre dans la chambre du prince endormi et pose la broderie sur l'oreiller, à côté de lui, puis il retourne auprès de sa maîtresse. Nul ne l'a vu. Nul ne l'a entendu. La jeune fille le voit revenir et lui demande :

— Pikka, Pikka, mon chien si dévoué
Viens sur mes genoux pour me raconter
Où mon très cher frère est-il enfermé ?

Le chien répond :

— Au château ton frère est fait prisonnier
Dans la fosse des vipères, ils l'ont jeté.
— Quelles nouvelles de mon jeune époux ?
— La méchante sorcière est dans son lit,
à ta place couchée à côté de lui.
— Qu'ont-ils mangé pour le repas de noces ?
Pour les noces de l'abominable sorcière
Pour l'orgie de l'ogresse à la queue haute ?
— Ils n'ont mangé que des os sans la viande,
arêtes de poissons, épluchures roussies
croûte de pain brûlée, pépins et noyaux.
— Reviens sur le rivage deux nuits encore.
Tu m'aideras à libérer mon frère.

Elle se dirige vers la mer et plonge dans l'eau avec ses chaînes. Elle regagne, comme elle l'avait promis, le royaume de la mer.

Au petit matin, dans le château, le prince se réveille. Il découvre, surpris, la broderie sur son oreiller :

— Qui a bien pu mettre une telle merveille dans mon lit ? Quel travail délicat !

La vieille fourbe susurre :

— C'est moi. J'aime la broderie plus que tout. Pendant que tu dormais, j'ai brodé pour toi cette tapisserie en fils d'or. J'ai terminé en une seule nuit.

Le prince ne la croit pas :

— Tu mens. Un tel chef-d'œuvre ne peut être accompli en une seule nuit.

Le prince mène son enquête. Il interroge les gardes, les serviteurs, les cuisiniers, les palefreniers. Nul n'a vu entrer qui que ce soit au château, nul n'a rien entendu.

Et comme la brodeuse mystérieuse demeure introuvable, l'affaire est vite oubliée.

Le même jour, le prince se souvient du berger jeté dans la fosse aux serpents. Il appelle ses gardes :

— Allez nettoyer les os de la fosse. Le jeune homme doit être mort maintenant. Les serpents l'ont certainement mangé.

Les hommes vont jusqu'à la fosse et en reviennent abasourdis :

— Prince. Il n'est pas mort. Le serpent le plus vieux est vautré sur ses genoux, un autre dort dans ses bras.

Le prince est intrigué, il ne comprend pas. Il va demander conseil à la veuve qui habite au bord de la mer :

— Quand je fais jeter un homme aux serpents, ceux-ci se repaissent de sa chair et le dévorent en une seule nuit. Comment se fait-il que celui-ci qui y est depuis deux nuits soit toujours vivant ? Il était à mon service, comme berger. Il m'a juré que sa sœur était aussi belle que lui, je l'ai demandée en mariage. Quand il l'a amenée au château, j'ai vu qu'elle était hideuse. J'ai jeté le menteur aux serpents mais j'ai tenu parole, j'ai épousé sa sœur.

— Ce n'est pas sa sœur que tu as épousée. Sa sœur vit au fond de la mer où elle a brodé un merveilleux tissu qu'elle a posé sur ton oreiller afin que tu libères son frère. C'est la sorcière fourbe que tu as épousée.

Le prince rentre au château et passe la journée, perdu dans ses pensées.

À la nuit tombée, au fond de la mer, la jeune fille se prépare à quitter le royaume des eaux pour se rendre sur la terre. Elle a cousu une chemise pour le prince, une chemise d'or et d'argent. Elle est entravée, comme la veille, avec de lourdes chaînes.

Au plus profond de la nuit, elle surgit de la mer. On peut entendre le cliquetis de ses chaînes à cent lieues à la ronde. Elle s'assied à l'extrémité du pont, juste à côté de la maison de la vieille veuve. Elle est parée de vêtements d'or et d'argent. Elle appelle son chien :

Pikka, Pikka mon chien bien dévoué
En silence au château tu vas aller
Ouvrir la porte, soulever le loquet
Poser cette chemise sur l'oreiller
Du beau prince qui devait m'épouser
Pour que mon frère soit libéré
Nulle porte ne doit grincer
Nulle barrière ne doit craquer
Nulle vache ne doit meugler

Pikka attrape la chemise entre ses dents et fonce au château. Il se glisse en silence dans la chambre du prince et dépose la chemise sur l'oreiller.

Le lendemain matin, quand le prince se réveille, il voit la chemise d'or et d'argent :

— Qui a posé cette chemise sur mon oreiller ?

— Mon prince bien-aimé, répond la sorcière, quand je suis là couchée à tes côtés, mes mains sont réveillées et s'activent. Voici ce qu'elles ont cousu cette nuit pour toi.

— Tu n'as pas pu coudre une telle merveille.

Le prince se lève, il appelle ses gardes :

— Allez voir le jeune homme dans la fosse aux serpents et, s'il est encore en vie, sortez-le de là.

Il revêt la chemise qu'il a trouvée sur l'oreiller et va chez la vieille veuve :

— Peux-tu m'expliquer ce qui m'arrive ? La première nuit, une broderie en fils d'or et d'argent est posée sur mon oreiller. La deuxième nuit, une chemise d'or et d'argent y est déposée. Quel est ce mystère ?

— Jeune homme, répond la veuve, ceci est bien étrange en effet. Durant la nuit, une jeune fille surgit de la mer et s'assied à l'extrémité du pont, juste à côté de ma maison. Elle est vêtue d'or et d'argent et sa beauté est telle qu'aucun poème, aucun chant ne peuvent la décrire. Elle apporte chaque nuit un présent pour toi. C'est elle ta vraie femme. Celle que tu as épousée n'est autre qu'une horrible sorcière. Écoute bien : ta fiancée reviendra pour la dernière fois cette nuit car elle épousera le prince de la mer demain matin. Munis-toi d'une faux et d'une chaîne en fer que tu achèteras chez le forgeron et attends-la. Quand elle surgira de l'eau, attache-la avec tes chaînes et coupe celles qui l'entravent. Ne la laisse pas repartir. Quelle que soit la forme qu'elle prendra, détruis-la pour qu'elle puisse retrouver, enfin, sa forme humaine.

Le prince se précipite chez le forgeron, qui lui forge une faux et une chaîne, puis il se rend à côté du pont pour attendre celle qui est son destin. Il attend, il attend, il attend longtemps. Au plus profond de la nuit, un cliquetis métallique retentit dans l'obscurité. Une jeune fille d'une beauté sans pareille surgit de la mer. Elle s'assied sur le pont et appelle son chien :

Pikka, Pikka mon chien bien dévoué
En silence au château tu vas aller
Ouvrir la porte, soulever le loquet
Poser ce pantalon sur l'oreiller
Du beau prince qui devait m'épouser
Pour que mon frère soit libéré
Nulle porte ne doit grincer
Nulle barrière ne doit craquer
Nulle vache ne doit meugler

Le prince bondit hors de sa cachette et tente de l'attraper. La jeune fille se précipite vers la mer. Elle tente de sauter dans l'eau, mais le jeune homme a vite fait de la capturer dans ses chaînes. De sa faux, il brise les chaînes en argent qui tombent et coulent au fond de l'eau. La jeune fille se débat et tente de se libérer. Elle se transforme en ver de terre, puis en insecte volant, puis en lézard, puis en serpent, puis en fuseau, puis en rouleau à pâtisserie et des dizaines d'autres choses encore.

Le prince ne baisse pas la garde, il détruit tour à tour chaque forme qu'elle prend, jusqu'à ce qu'elle recouvre sa forme humaine.

— Que me veux-tu, fils du roi ? De toute manière la sorcière finira par me manger.

— Rassure-toi. Elle ne restera pas une minute de plus au château et toi tu retrouveras ton unique frère qui est libre maintenant.

Les deux jeunes gens passent le reste de la nuit dans la maison de la vieille veuve. Au petit matin, il confie la jeune fille à la vieille femme et retourne au château.

— Où étais-tu, mon prince ? demande la vieille sorcière. Ton foyer est-il le cadet de tes soucis ?

— Rassure-toi. Je ne serai jamais loin.

Il appelle ses soldats :

— Allez chauffer le four en fer dans le sauna, creusez une tombe de trois brasses de profondeur sous le seuil de la porte et remplissez-la de goudron. Mettez-y le feu et recouvrez le trou d'un tissu brun. Vous emmènerez ma femme au sauna. Quand elle franchira le seuil, retirez le tissu.

Les soldats font ce que le prince leur a ordonné de faire. La sorcière se laisse accompagner jusqu'au sauna. Quand elle enjambe le seuil, ils retirent le tissu. Elle tombe dans les flammes. Elle arrache ses cheveux et hurle :

— Que mes cheveux deviennent les insectes qui volent dans l'air, qu'ils deviennent les vers dans la terre, les asticots de la mort, pour harceler les humains jusqu'à la nuit des temps !

Quand la vieille sorcière a entièrement brûlé, le prince va retrouver la jeune fille surgie de la mer chez la veuve. Il l'accompagne au château et dès le lendemain, les noces sont célébrées. Le frère de la mariée devient l'homme de confiance du prince et reçoit la moitié du royaume comme gage d'amitié.

Et on dit qu'ils ont vécu longtemps, à l'abri des soucis.

TANJIN LE MUSICIEN

Il y avait autrefois un vieux berger qui était très très pauvre. Un jour, il appelle son fils unique :

— Tu es un jeune homme maintenant. Il est temps pour toi de quitter la yourte familiale. Va de par le monde apprendre un métier, ensuite tu reviendras parmi nous.

Tanjin s'en va et, quatre années plus tard, le voici de retour. Son père est heureux de le retrouver, il se précipite vers lui pour l'accueillir :

— Quel métier as-tu appris, mon fils ?

— J'ai appris à jouer du violon.

— Du violon ! Du violon ? Les jeunes gens de ton âge savent forger le fer et dompter les chevaux et toi, tu joues du violon ! Tout juste inutile !

— Celui qui écoute ma musique se sent immédiatement apaisé et joyeux, père.

— Je te dis que ta musique ne sert à rien. Va-t'en et ne reviens pas avant d'avoir appris un vrai métier !

Tanjin quitte une fois de plus la yourte de son père. Il erre dans la steppe et suit les chemins que tracent ses pas. Il marche des jours et des nuits et finit par arriver au bord d'une mer immense. Il s'assied sur les rochers, au bord de l'eau. Il se sent seul. Il prend son violon et se met à jouer. Soudain, une jeune fille surgit des flots, et se tient debout devant lui. Elle est belle et porte une robe blanche, richement brodée, qui brille aussi fort que la crête des vagues :

— Je suis la fille du roi Dragon, le roi des mers. Mon père aime ta musique, il m'envoie te chercher.

Tanjin est sous le charme de la jeune fille, il reste muet.

— Allez dépêche-toi, mon père n'aime pas attendre, il pourrait se mettre en colère.

Tanjin lui tend la main. La princesse la prend dans la sienne et lui demande de fermer les yeux, puis elle l'entraîne au fond de la mer, vers le palais du roi Dragon. Il se laisse guider et savoure la douceur de la main gracile qui tient la sienne.

Soudain, une voix grave tonne et le tire de sa rêverie : "Ouvre les yeux jeune homme !"

Tanjin obéit. Il est devant le roi Dragon qui trône dans un magnifique palais de cristal. À travers la transparence des murs, il peut voir toutes les créatures vivantes de la mer.

— Jeune homme, dit le roi Dragon, ta musique me réjouit plus que tout. Joue tout ce que tu sais jouer, enchante-moi et surtout ne t'arrête jamais.

Tanjin ne se fait pas prier. Il prend son violon et joue. Le roi Dragon et ses courtisans l'écoutent, sous le charme. Tanjin joue, un jour, puis deux, puis trois… Il joue encore et encore.

Le roi Dragon est heureux :

— Jeune homme, je pourrais écouter ta musique pendant cent ans sans me lasser. Tu vas jouer pour moi jusqu'à ton dernier souffle, jusqu'à ta mort. Je te donnerai en échange un palais aussi beau que le mien et des montagnes de richesses.

— Je ne veux ni palais ni richesses, répond Tanjin. Je veux rentrer chez moi et dormir. Laissez-moi partir, je veux juste rentrer chez les miens.

— Je ne te laisserai jamais repartir. Tu as droit à une seule chose : jouer pour mon plaisir, jusqu'à ta mort.

Tanjin est effondré :

— Je veux juste retrouver mon monde.

Le roi Dragon rit bruyamment :

— Regarde autour de toi. Nul n'oserait te raccompagner sans mon autorisation. Je te conseille d'oublier ton monde et ta famille. Tu es ici chez moi, et mon royaume est ton nouveau pays. Tu vas jouer jusqu'à ta mort ! Sur ce, bonne nuit !

Le roi se lève et s'en va. Des serviteurs accompagnent Tanjin jusque dans une chambre somptueuse. Il est tout seul, perdu. Il prend son violon et joue un air d'une tristesse infinie.

Soudain, il entend une voix qui chuchote : "Ne sois pas si triste, je vais t'aider."

Le jeune homme lève la tête et voit la princesse des mers qui le regarde en souriant :

— Donne-moi la main et ferme les yeux, ne les ouvre sous aucun prétexte. Ne dis plus rien, je te raccompagne.

Tanjin ferme les yeux et se laisse entraîner par la douce princesse. Quand ils atteignent la plage, elle lui dit, en essuyant ses larmes :

— Ouvre les yeux Tanjin. Tu es libre de partir où tu veux maintenant.

— Pourquoi pleures-tu ? demande le musicien.

— Je suis triste de te quitter. J'aime ta présence à mes côtés et ta musique aussi. Je voudrais t'écouter rire et jouer tous les jours de ma vie.

— Alors reste avec moi et deviens ma femme, répond le jeune homme tout heureux.

Les deux jeunes gens se marient dès le lendemain. Ils traversent les plaines immenses et finissent par s'installer dans un campement situé à proximité d'un puits. Ils y coulent des jours heureux. Tanjin gagne leur vie avec son violon. Sa musique réjouit le cœur de tous ceux qui l'écoutent et console les malheureux.

L'histoire pourrait s'arrêter ici… Mais un jour, le grand khan arrive dans les plaines pour chasser, accompagné de mille cavaliers. Il tue deux cailles et, à l'heure du repas, il les tend à l'un de ses compagnons, un noble de son clan :

— Va donc trouver dans le campement une yourte dans laquelle tu pourras faire rôtir ces cailles.

L'homme emporte les deux oiseaux et se retrouve un moment plus tard devant la yourte de Tanjin. La princesse des mers est devant la porte. Il la salue poliment et lui demande de bien vouloir faire rôtir le gibier pour son khan. Le poêle est bien chaud. Elle pose les cailles dessus et s'en va vaquer à ses occupations. L'homme noble ne jette pas un seul regard aux oiseaux en train de cuire. Il est subjugué par la beauté de la princesse, il ne peut la quitter des yeux. Il est tout rêveur et sourit béatement, quand une odeur de brûlé le ramène à la réalité. Il regarde les deux cailles, elles sont calcinées, deux morceaux de charbon.

— Je suis un homme fini, hurle-t-il affolé. Le grand khan me tuera !

— Ne vous inquiétez pas. Nous avons tué deux cailles ce matin, je les ferai rôtir pour vous et vous les porterez au khan. Il n'en saura rien.

La princesse fait rôtir ses deux cailles et les tend à l'homme. Celui-ci les porte au khan qui en mange et en remange goulûment. La chair est savoureuse. Il est rassasié mais il ne peut venir à bout des deux oiseaux rôtis. Il donne les restes à ses mille cavaliers. Ils mangent et remangent toute la journée, ils sont rassasiés mais ils ne peuvent terminer le repas. Il reste de quoi nourrir un campement.

— Quelque chose ne tourne pas rond ! hurle le grand khan.

Il appelle le noble :

— Comment se fait-il qu'avec mille de mes cavaliers, nous n'ayons pas réussi à manger entièrement ces deux cailles ? Quel est ce mystère ?

L'homme tremble de tout son corps, ses genoux s'entrechoquent tellement il a peur. Il finit par articuler quelques mots décrivant la beauté de la femme de Tanjin et la substitution des cailles.

— Va me chercher son mari ! ordonne le khan, que l'histoire réjouit.

L'homme noble retourne à la yourte de Tanjin et l'informe que le khan l'attend.

La princesse des mers chuchote à l'oreille de son époux :

— Le khan voudra que je devienne sa femme. Tu lui répondras que je serai sienne s'il réussit, par deux fois, à deviner où tu te caches, ici dans la yourte. Tu lui diras que s'il ne réussit pas à te trouver, il devra t'offrir mille chevaux de race.

Tanjin s'en va avec l'homme. Il arrive devant le khan qui lui demande aussitôt :

— Qui es-tu ?

— Je suis Tanjin le musicien.

— Il paraît que tu as une femme d'une beauté époustouflante ? ! Va donc la chercher, à partir d'aujourd'hui, elle vivra avec moi et sera mienne.

— J'irai la chercher... mais avant, j'irai me cacher dans ma yourte et tu devras, par deux fois, me trouver. Si tu y parviens, ma femme sera tienne, mais si tu n'y parviens pas, tu devras me donner mille chevaux de race.

Le grand khan sourit. "Pauvre imbécile. Est-il si difficile de trouver un homme dans une yourte ?" songe-t-il.

— D'accord. Va donc te cacher, j'arrive dans un instant.

Tanjin part en courant, il se précipite dans la yourte où la princesse des mers l'attend :

— Le khan arrive. Où puis-je me cacher ?

Elle lui fait un signe de la main droite, récite une formule et transforme Tanjin en baguette. Dans un mortier, elle verse du grain qu'elle se met à remuer avec la baguette.

Le grand khan arrive un instant plus tard. Il arbore un sourire de conquérant. Il pénètre dans la yourte et se met à chercher Tanjin. Il fouille les moindres recoins, il met tout sens dessus dessous. Aucune trace du jeune homme. Il cherche encore et encore, puis, de guerre lasse, il finit par lâcher :

— Bon, Tanjin, je ne t'ai pas trouvé mais tu n'as pas gagné. Maintenant c'est moi qui vais me cacher et c'est à toi de me trouver. Si tu échoues, c'est moi le vainqueur et tu connais le prix à payer.

Le khan disparaît.

La princesse des mers redonne à Tanjin sa forme humaine et le prévient :

— Le grand khan a des pouvoirs, il s'y connaît en magie. Il va se transformer en quelque chose d'imprévisible. Regarde bien autour de toi, observe chaque détail et si tu remarques quelque chose d'étrange, c'est certainement lui.

Tanjin sort de la yourte et se met à la recherche du khan. Il regarde partout, quand il voit, juste à côté du puits, un petit arbre tout rabougri qui n'a jamais été là auparavant. Il sourit et crie :

— Que fait cet arbre tout ratatiné ici ? Je vais le couper et en faire un manche de fouet !

— Ne me coupe pas ! Ne me coupe pas ! Je suis le grand khan ! crie l'arbre qui reprend aussitôt sa forme initiale, celle du grand khan.

— J'ai gagné ! s'exclame Tanjin. Donne-moi mes mille chevaux.

— Pas si vite jeune homme, il me reste une deuxième chance pour te trouver dans ta yourte. Va te cacher !

Tanjin part en courant vers sa yourte où la princesse l'attend. D'un geste de la main, elle le transforme en mouche.

Quand le grand khan arrive, la mouche s'envole et va se nicher dans son couvre-chef en fourrure. Le khan fouille la yourte de fond en comble, il retourne tout, il secoue chaque objet. Quand il n'a rien laissé en place, découragé, il finit par avouer :

— C'est bon, je ne peux pas te trouver. Mais ce n'est pas terminé. C'est à toi maintenant de me trouver au bord du lac, au coucher du soleil. Si tu ne réussis pas, j'ai gagné !

Le khan s'en va.

La princesse s'approche de Tanjin qui semble bien soucieux :

— Ne t'inquiète donc pas. Au crépuscule, tu verras au bord du lac, un troupeau de cent moutons blancs et une seule chèvre noire. Cette chèvre c'est le grand khan lui-même.

Tanjin se rend au lac. Au crépuscule, il voit arriver le troupeau décrit par la princesse. Il s'approche de la chèvre, la saisit par les cornes en riant :

— Toi, je vais me faire une belle paire de bottes avec ta peau.

— Laisse-moi partir ! hurle la chèvre. Laisse-moi partir, je suis le khan !

Le grand khan reprend sa forme initiale.

— Maintenant, donne-moi mes mille chevaux, dit Tanjin.

— Attends, répond le khan, encore une dernière épreuve. Faisons la course à cheval. Celui de nous deux qui réussira à franchir une distance de trois jours en trois heures sur sa monture sera le vainqueur. Va donc préparer un cheval !

Tanjin retourne chez la princesse :

— Je dois faire la course avec le grand khan. Il peut choisir son coursier parmi un millier de chevaux aux pattes agiles. Nous n'en avons pas un seul. Que faire maintenant ?

— Retournons vers la mer auprès de mon père, nous trouverons peut-être une solution.

Ils prennent la direction de la mer et arrivent sur les rochers où ils s'étaient rencontrés. Tanjin s'installe avec son violon et se met à jouer. La mer s'agite aussitôt, soulevant des vagues immenses et soudain, la tête du roi Dragon surgit des flots.

— Père, le supplie la princesse, donne-nous un cheval de mille lieues.

— Je vous le donnerai si ton mari joue sans s'arrêter jusqu'au coucher du soleil.

Tanjin joue jusqu'au crépuscule, quand un cheval à huit pattes surgit au galop de la mer et s'arrête devant lui et la princesse.

Ils se mettent en route. Le cheval ne cesse de trébucher, embarrassé par ses huit pattes. Tanjin tient la longe et observe, désespéré, la maladresse de l'animal.

— Comment ce cheval à huit pattes qui n'arrive même pas à faire deux pas sans trébucher pourrait-il devancer un étalon du grand khan ? demande Tanjin. La course est perdue d'avance.

— Contente-toi d'attendre le grand khan demain matin au bord du lac avec ce cheval, répond la princesse. Sois patient et tu verras ce que tu verras, ce cheval t'étonnera.

Le lendemain matin, Tanjin monte le cheval à huit pattes et se rend avec difficulté jusqu'au lac.

Peu après, la plaine résonne du bruit des sabots du cheval du grand khan, un magnifique étalon noir, et des montures des mille soldats.

— Tu aurais mieux fait de monter une vache. Elle irait plus vite que ton espèce d'araignée géante, ricane le khan, arrivé devant Tanjin.

Ses hommes rient en chœur.

Le khan ajoute en riant de plus belle :

— Pars le premier, Tanjin, de toute manière je te rattraperai !

— Toi d'abord, répond le jeune homme, de toute manière je te dépasserai.

Le khan, fier et sûr de lui, donne un coup de cravache à son étalon qui part au galop, soulevant un immense nuage de poussière. Quand il a disparu, Tanjin chuchote doucement quelques mots à l'oreille de son cheval à huit pattes qui détale, vif comme l'éclair.

Le cheval de mille lieues fend l'air, la brume et la poussière. Il dépasse l'étalon du grand khan en moins de temps qu'il n'en faut pour le dire. Il atteint la limite lointaine de la plaine et revient aussitôt jusqu'au bord du lac. Le grand khan a beau fendre l'air sur son cheval, il ne revient au lac que quelques heures plus tard.

— Maintenant tu vas me donner mes mille chevaux, dit calmement Tanjin au khan qui est tout essoufflé par sa course, épuisé et bien étonné de trouver son rival qui l'attend tranquillement à l'ombre d'un arbre.

— Pas encore jeune homme, répond le khan. C'est seulement quand tu auras réussi à faire bouillir l'eau de ce lac, à y plonger et à en sortir vivant, que je reconnaîtrai ma défaite. Demain matin tu viendras me montrer ce dont tu es capable. Si tu ne réussis pas, je prendrai ta femme.

Tanjin retourne auprès de la princesse de la mer et l'informe de la dernière épreuve imposée par le khan.

— Retournons au bord de la mer auprès de mon père, répond-elle.

Ils partent tous deux vers la mer. Quand ils arrivent sur les rochers, la princesse appelle son père. L'eau s'agite aussitôt, la houle creuse la surface de l'eau et le roi Dragon surgit des flots.

— Père, l'implore la princesse, tu es le roi de toutes les mers, de tous les océans, de toutes les rivières et de tous les torrents. Je te supplie de nous aider une dernière fois.

— Je t'accorderai tout ce que tu voudras, si Tanjin joue pour moi, répond le roi Dragon avant de regagner le fond de la mer.

Tanjin prend son violon et joue jusqu'au coucher du soleil. Le roi Dragon surgit des vagues au crépuscule.

— Père, donne à Tanjin le pouvoir de faire bouillir l'eau du lac et d'y plonger sans craindre d'y périr ébouillanté.

— Prends ces deux cailloux, Tanjin, dit le roi Dragon. Quand tu jetteras le caillou blanc dans le lac, l'eau se mettra à bouillir aussitôt. Tu mettras le caillou noir sous ta langue avant de t'y plonger. Tant que tu l'auras dans la bouche, il ne t'arrivera aucun mal.

Le lendemain matin, Tanjin retrouve le grand khan au bord du lac. Ce dernier est entouré de ses soldats, il ricane :

— Te voici brave Tanjin. Allez, montre-nous comment tu fais bouillir l'eau de ce lac !

Le jeune homme a déjà le caillou noir sous la langue. Il jette le caillou blanc dans l'eau qui se met aussitôt à bouillir à gros bouillons.

— Plonge dans le lac, Tanjin, et tu auras tes mille chevaux. Mes hommes m'en sont témoins.

Le jeune homme plonge, fait quelques brasses puis se laisse flotter à la surface du lac avec un sourire de contentement. Il fait signe au grand khan de le rejoindre. Celui-ci sent sa moustache se hérisser : "Chien arrogant !" pense-t-il. Il sait qu'il est plus dangereux de se montrer faible devant ses hommes que de sauter dans l'eau qui bout. S'il se laisse défier par ce pauvre paysan de rien du tout, ses soldats ne lui obéiront plus.

— Soldats ! hurle-t-il. Pied à terre ! Ôtez vos armures et, dès que j'aurai plongé dans le lac, vous en ferez de même à votre tour.

Il saute, ses hommes en font autant et, en moins de temps qu'il n'en faut pour le dire, ils périssent ébouillantés, leur chair séparée de leurs os. Seul Tanjin sort du lac vivant et vaillant. Il compte mille chevaux plus l'étalon noir. Il enfourche ce dernier et rentre au campement suivi de mille et un chevaux.

Tanjin et la princesse des mers ont vécu longtemps et ont coulé des jours heureux à l'abri des soucis, de tous les soucis. Tanjin a joué, tous les jours, du violon pour la princesse des mers et tous ceux qu'il aime.

LA JEUNE FEMME DANS LA LUNE

Un vieux pêcheur et sa femme avaient un fils unique. Ils l'avaient marié selon la coutume, avec une femme très très belle. Elle avait le visage d'un ovale aussi parfait que celui d'un œuf, elle était très habile, et savait certes cuisiner et coudre mais elle savait aussi pêcher, chasser et ramasser du bois. La femme idéale. Le jeune homme l'aimait follement et le vieux pêcheur aussi mais la belle-mère, elle, ne l'appréciait pas du tout.

Avec le temps, la belle-mère devient de plus en plus irascible et brutale. Elle méprise sa bru et la malmène. Elle voit d'un mauvais œil ses visites à ses vieux parents et prend le moindre de ses mouvements pour un manque de respect.

Quand les hommes partent pêcher, c'est-à-dire tous les jours, la vieille acariâtre demande à la jeune femme d'accomplir des tâches pénibles ; ramasser du bois, puiser de l'eau, faire frire dix poêles de poisson, défricher, laver, nettoyer. Quand il y a du poisson frais, c'est la bru qui doit l'étaler au soleil et quand il est sec elle doit le ramasser. S'il en manque un seul, elle reçoit des coups de fouet.

La jeune femme, par égard pour son mari, ne lui en dit rien. Elle obéit à sa belle-mère en silence pour ne pas envenimer la situation. Elle fait de son mieux pour satisfaire la vieille mais celle-ci est de plus en plus violente.

Un soir, la jeune femme s'éloigne de la maison. Elle va remplir ses seaux à la rivière. Arrivée au bord de l'eau, elle se penche et aperçoit son reflet. Elle en a le souffle coupé. Son visage autrefois si beau est tout émacié. Elle a les yeux cernés de noir et enfoncés dans leurs orbites, les cheveux hirsutes, le teint blafard. Elle ne se reconnaît pas.

La pleine lune se lève par-dessus les montagnes. La jeune femme la regarde et implore : "Dieu de la lune, si tu existes, je t'en supplie sauve-moi. Je n'en peux plus."

Elle avance et tombe vers la rivière, mais juste avant qu'elle n'effleure l'eau, un large drap s'étale sous ses pieds et la soulève, l'entraînant vers le ciel.

Elle hurle de terreur et s'agrippe de toutes ses forces aux branches d'un saule pleureur. Le drap l'emporte vers le ciel et la jeune femme s'accroche de plus en plus fort à l'arbre. Soudain le saule pleureur se déracine et la voici soulevée dans le ciel jusqu'à la lune, avec sa palanche, ses deux sceaux et le saule pleureur.

Le dieu de la lune l'accueille aimablement et lui demande de devenir sa femme.

À la maison, la vieille attend sa bru qui tarde à rentrer. La belle-mère en colère sort de la maison et va au bord de la rivière pour la chercher. Elle appelle la jeune femme et lui lance des injures dans la nuit.

Arrivée au bord de la rivière, elle lève la tête au ciel et voit la lune pleine. Elle tressaille quand elle aperçoit, au milieu du disque lunaire, sa bru avec ses deux sceaux et sa palanche à côté d'un saule pleureur.

Elle rentre chez elle en écumant de rage. Son fils et son mari sont revenus de leur journée de pêche.

— Où est ma femme ? demande le fils.

— Tu dois l'oublier, répond la mère.

— Comment l'oublier ?

— Elle s'est jetée dans la rivière. Je l'ai surprise en train de voler et je crois qu'elle n'a pas supporté de vivre avec sa honte. Puis de toute manière, nous sommes mieux sans elle.

Le fils n'en croit pas un seul mot mais, comme sa femme ne revient pas, il pense qu'elle s'est vraiment noyée. Un chagrin immense le submerge, il ne cesse de penser à elle nuit et jour.

La vieille femme se retrouve seule avec toutes les tâches quotidiennes qu'elle avait depuis longtemps perdu l'habitude d'accomplir. Elle en vient à regretter sa bru.

Un mois plus tard, le jeune homme se languit terriblement de sa femme. Il se rend à la rivière, juste à l'endroit où le saule pleureur se dressait, au bord de l'eau. La lune est pleine et éclaire le ciel de la nuit. Le jeune homme regarde l'astre argenté et voit sa femme avec ses sceaux et sa palanche, debout sous le saule pleureur.

— Reviens, je t'en supplie. Reviens. Je me languis de toi. Je ne peux pas vivre sans toi.

— Je ne peux pas revenir. Ta mère m'a humiliée, battue, affamée. Toi, tu n'as rien vu. Le dieu de la lune m'a sauvée et je suis sa femme maintenant. Adieu.

Il la voit soulever sa palanche, la caler sur ses épaules et disparaître.

Depuis, chaque fois que la lune est pleine, le jeune homme dépose des offrandes au bord de la rivière ; des poires et des grappes de raisin pour sa femme.

Voilà pourquoi les Hezhe, encore aujourd'hui, déposent des offrandes au bord des rivières pour chaque pleine lune.

LES DEUX PRINCES

Dans un pays nommé Kunnan, vivait un roi. Sa femme vint à mourir, lui laissant un fils nommé Ri'guang. Quelque temps plus tard, le khan prit une deuxième épouse qui lui donna un autre fils ; Yueguang. Les deux princes étaient inséparables, ils se portaient un amour indéfectible. La reine avait d'autres desseins. Elle voulait que son propre fils succède à son père sur le trône, voilà pourquoi elle vouait une haine sans limites à Ri'guang.

Un jour, la reine boit une potion qui teinte sa peau de jaune, lui donnant un air gravement malade. Elle appelle d'une voix faible le khan à son chevet :

— Je n'ai plus longtemps à vivre mon amour, pardonne-moi de t'abandonner…

Le khan est affligé :

— Il doit exister un remède, quel qu'en soit le prix, je le trouverai.

— Il y a un remède mais il m'est si difficile de te le demander… Je dois manger le foie d'un prince, frit dans l'huile de sésame… Je ne supporte pas l'idée de faire du mal à ton Ri'guang ou à notre Yueguang.

Le khan demeure silencieux puis il promet :

— Si cela peut te sauver la vie, tu mangeras bientôt le foie de Ri'guang frit dans l'huile de sésame.

À ces mots, il quitte le palais et, quand il est loin, il achète un agneau et l'égorge de ses propres mains. Il en retire le foie, le fait frire dans l'huile de sésame et le porte à la reine.

Pendant ce temps, au palais, nul n'a vu, nul n'a entendu Yueguang qui, caché derrière des rideaux, a écouté la conversation de son père et de sa mère. Dès le départ du roi, il se précipite dans la chambre de son frère :

— Lève-toi ! Réveille-toi mon frère bien-aimé ! Ils veulent te tuer !

Il raconte à Ri'guang tout ce qu'il a entendu.

— Tu es un vrai frère. Je partirai mais je ne t'oublierai jamais, répond Ri'guang en s'habillant précipitamment.

— Nous prendrons la fuite ensemble, répond Yueguang. Je ne te quitterai pas.

Les deux princes prennent quelques provisions, se faufilent hors du palais, enfourchent leurs chevaux et partent au galop sans savoir où ils vont.

Ils traversent des montagnes immenses, une rivière terrible et finissent par atteindre le désert infini. Leurs montures meurent d'épuisement, les deux frères continuent à pied. Ils marchent dans le désert et prient pour arriver vivants à un campement.

Ils marchent plusieurs jours sans croiser âme qui vive. Les provisions se sont épuisées depuis un bon moment. Plus rien à manger, plus rien à boire, ils marchent dans la fournaise du désert.

Yueguang tombe d'épuisement, il ne peut plus faire un pas. Ri'guang l'allonge à l'ombre d'un rocher et continue d'avancer, dans l'espoir de trouver une oasis, un point d'eau ou un campement. Il revient quelques heures plus tard, bredouille, et trouve son jeune frère mort. Il sanglote de désespoir et de chagrin. Il enterre son frère et veille sa sépulture toute la nuit.

Au petit matin, il reprend la route. Il marche encore et finit par arriver devant un immense rocher au milieu duquel une porte rouge est entrebâillée. Il la pousse et pénètre dans un abri obscur où un vieil homme avec une longue barbe blanche est assis dans un coin. Quand il voit Ri'guang, le vieillard lève la tête vers lui :

— Ton cœur est lourd, jeune homme, tu portes le chagrin de quelqu'un que tu as laissé derrière toi, enterré dans le sable.

Ri'guang se présente et raconte toute son histoire à l'ermite.

Le vieux sage se lève, prend une bouilloire et demande au jeune homme de le guider jusqu'à la sépulture de son frère.

Ils marchent tous deux dans le désert aride et arrivent devant le rocher où Yueguang est enterré. Le vieil homme aide Ri'guang à déterrer le corps de son frère, il se met à genoux à côté de la dépouille, et l'asperge d'un liquide blanc que contient la bouilloire.

Yueguang ouvre doucement les yeux comme s'il se levait à regret d'une sieste agréable.

Les deux frères tombent dans les bras l'un de l'autre et suivent le vieil homme jusque chez lui. Le vieil ermite invite les deux princes à vivre avec lui dans son abri au creux du grand rocher. Au fil des semaines, il leur enseigne la magie, et les coutumes des immortels. Il les considère comme ses propres fils et il est pour eux un père très attentionné et aimant.

Chaque année, le khan de cette terre désertique doit offrir une vie, en sacrifice au dieu Dragon, afin d'assurer une bonne récolte à la population. Cette année-là, il lui faut sacrifier un jeune homme né l'année *yan*. Il envoie ses hommes dans tous les campements, dans toutes les villes pour en trouver un seul mais aucun jeune homme n'est né l'année *yan*.

Tout le monde craint une récolte misérable et le spectre d'une famine plane sur la steppe.

Le khan cherche désespérément une solution quand il apprend que deux jeunes gens, des étrangers, habitent chez l'ermite du grand rocher. Il envoie ses hommes les chercher.

Le chef des gardes frappe violemment à la porte rouge en hurlant :

— Jeunes gens ! Si l'un de vous est né l'année *yan*, qu'il se rende. Le dieu Dragon l'attend impatiemment !

Le vieux sage s'empresse de cacher les deux princes dans une grande marmite en terre. Il s'approche de la porte fermée et répond d'une voix calme :

— Vous vous trompez d'adresse. Je suis seul ici. Que voulez-vous qu'un jeune homme fasse ici ?

Les hommes du khan défoncent la porte. Ils entrent dans l'abri au creux du rocher et retournent tous les meubles, déchirent les tissus, renversent tous les objets, personne. Leur chef saisit violemment le vieil ermite et le secoue :

— Où sont les deux jeunes gens ? Quelqu'un les a vus entrer tous les jours chez toi.

Devant le silence du vieil homme, le chef le roue de coups.

De sa cachette, Ri'guang entend tout. Il ne supporte pas l'idée que le vieil ermite puisse être malmené de la sorte. Il sort la tête de la marmite en terre et hurle :

— Laissez immédiatement cet homme tranquille, au nom de mon père le khan ! Oui je suis né l'année *yan*, je suis à votre disposition.

Les hommes du khan empoignent Ri'guang en riant et l'emmènent au palais. Quand ils ont disparu, le vieil homme tombe à genoux et éclate en sanglots.

Au moment où Ri'guang franchit le portail du palais du khan, la fille aînée du souverain l'aperçoit. “Il est si jeune, si beau, si innocent…” pense-t-elle.

Elle court vers le chef des gardes et le supplie :

— Ne livrez pas ce jeune homme au dieu Dragon !

— Les ordres sont les ordres, princesse.

— Alors où il ira j'irai !

Le chef des gardes est abasourdi. Il hésite, il ne sait que faire. Il va raconter au khan le caprice de la princesse. Celui-ci pique une colère terrible :

— Elle est devenue folle, elle ose contredire mes ordres et s'opposer à nos coutumes ! S'il en est ainsi, elle n'est plus ma fille. Enveloppez-la avec le jeune homme dans une même peau et précipitez-les dans la rivière. Le dieu Dragon appréciera !

Une heure plus tard, les deux jeunes gens, enveloppés dans une peau de vache, sont jetés au fond de la rivière. Le dieu Dragon les saisit entre ses griffes en grognant de plaisir et en soufflant de la vapeur.

Ri'guang se met à hurler :

— Dieu Dragon, épargne la princesse. C'est moi qui suis né l'année *yan*, prends-moi et libère-la !

— Non, hurle la jeune fille ! Épargne-le et tue-moi, mon père sera puni par ma mort !

Le dieu Dragon demeure silencieux. Il écoute la prière des deux jeunes gens et prend pitié d'eux. Il est ému par leur dévouement mutuel. Sans rien dire, il les soulève, les dépose sur la rive et disparaît au fond de l'eau.

Ri'guang remercie la princesse de lui avoir sauvé la vie. Elle sourit et, sans rien dire, elle regagne le palais du khan son père. Le jeune homme retourne chez l'ermite.

Dans la caverne rocheuse, le vieil homme et Yue-guang sont heureux de le retrouver vivant.

Au palais, quand le khan et ses hommes voient la princesse franchir le portail, ils n'en croient pas leurs yeux. Jamais personne n'est ressorti vivant des griffes du dieu Dragon. Le khan s'approche lentement de sa fille, il l'observe minutieusement. Il réussit enfin à lui dire :

— C'est donc toi ma fille ? Tu es bien en vie ? Tu es là parce que le dieu Dragon ne voulait que le jeune homme ?

— Non père, le dieu Dragon nous a épargnés tous deux parce que chacun de nous a voulu se sacrifier pour sauver la vie de l'autre. On appelle cela l'amour, cher père.

Le khan est abasourdi. Il se laisse tomber sur son trône et réfléchit longuement avant de s'adresser au chef de ses gardes :

— Allez chez le vieil ermite me chercher les deux jeunes gens et soyez aimable avec eux.

Un moment plus tard, Ri'guang et Yueguang sont devant le khan.

— Êtes-vous les fils de l'ermite ? demande-t-il.

— Non, grand khan, répond Ri'guang, avant de raconter toute leur histoire.

— Jeune homme, ma fille t'aime et, si j'ai bien compris, tu l'aimes aussi. Vous allez donc vous marier. Et si ma deuxième fille en est d'accord elle pourra épouser ton frère.

Le khan appelle donc ses deux filles. L'aînée est heureuse de retrouver Ri'guang. La plus jeune trouve Yueguang très à son goût.

Quelques jours plus tard les noces sont célébrées dans la joie et, quand la cérémonie et les festivités prennent fin, les deux jeunes gens accompagnés de leurs épouses prennent la tête d'un immense cortège pour rentrer chez leur père.

Au palais, le père voit arriver ses deux fils. Il n'en croit pas ses yeux, ils sont vivants et ont l'air heureux. Il les avait crus morts depuis si longtemps. Il ne peut retenir ses larmes. Il les supplie de lui pardonner et leur demande de s'installer avec leurs femmes dans le palais.

La reine, rien qu'à la vue du cortège nuptial, meurt étouffée de rage.

On dit que les deux frères ont vécu longtemps avec leurs épouses dans la joie et la sécurité.

PEAU DE MOUTON

Un fermier avait trois fils. Les deux aînés étaient vigoureux, ils aidaient leur père à la ferme. Le plus jeune avait en charge le troupeau, il emmenait les moutons tous les jours paître dans la forêt. Il portait à la ceinture une corne de bélier, dans laquelle il soufflait pour rassembler le troupeau. Été comme hiver, il était vêtu d'un manteau en peau de mouton, aussi l'avait-on surnommé Peau de Mouton.

Un jour, Peau de Mouton et son troupeau cheminent vers le sommet d'une montagne quand soudain, un troll en train de fabriquer des pots en terre leur barre le chemin. Le troll regarde Peau de Mouton dans les yeux, s'essuie les mains et saisit un violon posé par terre à côté de lui :

— Si tu me donnes ta corne de bélier, je te donnerai mon violon en échange. Avec ce violon, tu peux faire danser qui tu veux, aussi longtemps que tu le veux.

Peau de Mouton hésite puis il décroche la corne de bélier de sa ceinture et la tend au troll. Celui-ci rit de joie et lui donne son violon en échange. Le jeune homme se tourne vers le troupeau et commence à jouer une mélodie joyeuse. Les moutons se mettent aussitôt à danser. Ils dansent, ils dansent, ils dansent, ils tournent, ils virent et ne s'arrêtent que quand la musique se tait.

Peau de Mouton est content. Il reprend tout joyeux la route avec son troupeau. Ils arrivent dans un pré, au pied d'une autre montagne. Les moutons font honneur à l'herbe verte et fraîche et le jeune homme en profite pour se reposer. Il se pose au pied d'un arbre, quand un énorme troll surgit devant lui :

— Qui t'a permis de faire paître tes moutons dans mon pré ? hurle le troll fou de rage.

— Ne te mets donc pas en colère, répond Peau de Mouton. Je vais te faire un cadeau.

Il saisit son violon et se met à jouer. Le troll se met aussitôt à danser. Il danse, il danse, il danse. Le jeune homme joue sans s'arrêter, le troll continue de danser, encore et encore. Il est épuisé et supplie Peau de Mouton d'arrêter, mais celui-ci joue encore et encore jusqu'à ce que le troll tombe raide mort.

Les moutons sont repus, Peau de Mouton les emmène un peu plus loin. Il se retrouve devant un immense portail qui donne sur une salle immense, entièrement vide. Le berger entre et voit, au milieu de la grande pièce, une table en pierre avec une petite boîte posée dessus. Il prend la boîte, l'ouvre et trouve un sifflet. Il le porte à sa bouche et souffle de toutes ses forces. Un sifflement strident retentit, le sol tremble et un nouveau troll, plus grand que les deux premiers, déboule comme une bourrasque :

— Lunkentus pour te servir. Qu'est-ce qui te ferait plaisir, mon roi ?

— Je ne suis pas ton roi, répond Peau de Mouton.

— Tu as tué mon roi, tu es donc devenu roi à sa place.

Peau de Mouton a faim. Il demande à manger. Lunkentus lui sert un repas d'ogre. De sa vie, Peau de Mouton n'a vu autant de nourriture. Il mange à sa faim et plus encore et, pendant qu'il dévore, Lunkentus lui demande :

— Sais-tu que la princesse de ce pays est assise au sommet de la Montagne de Verre, une pomme d'or dans la main ? Elle dit que celui qui réussira à escalader par trois fois le flanc de la montagne et à lui dérober la pomme, elle l'épousera et fera de lui le roi du pays.

Peau de Mouton ne sait pas.

— Si tu veux tenter ta chance, ajoute Lunkentus, je te dirai ce que tu dois faire. Rentre chez toi ce soir et reviens ici demain matin. Garde le sifflet et, si tu as besoin de moi, tu n'as qu'à siffler et je viendrai t'aider. N'en dis mot à personne.

Peau de Mouton rentre chez lui avec son troupeau.

Chez lui, tout le monde parle de la princesse à la pomme d'or au sommet de la Montagne de Verre. Ses deux frères se préparent à tenter leur chance.

— Moi aussi je veux essayer ! dit Peau de Mouton

— Avec ta peau de mouton tu n'iras pas bien loin. Tu ne grimperas même pas au sommet d'une fourmilière. Tu es tout juste bon à garder tes moutons. Retourne dans ta forêt.

Le lendemain matin de bonne heure, Peau de Mouton repart en direction de la forêt avec son troupeau.

Quand il arrive au pied de la montagne, il siffle et le troll Lunkentus surgit devant lui avec un magnifique cheval.

— Je veux escalader la Montagne de Verre, dit le jeune homme.

Le troll lui tend une armure de cuivre complète, de pied en cap, un harnachement en cuivre pour le cheval, des pièces en cuivre qui lui remplissent les poches et une petite fiole qui contient une potion :

— Avant d'arriver au pied de la montagne, demande à quelqu'un de tenir la bride de ton cheval et éloigne-toi de quelques pas pour boire la potion sans être vu. Ensuite tu donneras les pièces en cuivre à celui qui a tenu ton cheval. Quand tu seras parvenu au sommet, surtout ne t'y attarde pas. Fais tout de suite demi-tour et n'accepte sous aucun prétexte la pomme d'or que la princesse te tendra.

Peau de Mouton revêt l'armure, harnache le cheval, l'enfourche et part au galop.

Quand il arrive au pied de la Montagne de Verre, il voit son père et ses frères. Ses aînés ont tenté d'escalader la montagne et ont, tous deux, glissé. Ils sont tombés avec leurs chevaux et se sont blessés

Peau de Mouton, méconnaissable sous son armure, tend la bride de son cheval à son père et lui demande de la tenir un moment. Il s'éloigne de quelques pas, boit la potion, revient et donne les pièces de cuivre à son père. Il enfourche son cheval et part comme une flèche à l'assaut de la Montagne de Verre. Des étincelles jaillissent sous les sabots de sa monture. Il atteint le sommet et redescend aussitôt pour aller rejoindre Lunkentus. Il lui remet l'armure et le cheval, récupère son manteau en peau de mouton puis il rentre chez lui, avec son troupeau.

À la ferme, ses frères ne parlent que de leur tentative malheureuse et du cavalier à l'armure de cuivre qui a réussi à atteindre le sommet. Peau de Mouton fait celui qui ne sait rien :

— J'aimerais bien vous accompagner demain et tenter ma chance.

— Tu n'as pour tout vêtement qu'une peau de mouton, tu es tout juste bon à garder tes bêtes, répondent les frères en riant.

Le lendemain, Peau de Mouton part, comme à son habitude, avec son troupeau en direction de la forêt. Il retrouve Lunkentus. Celui-ci lui donne une armure en argent, un cheval harnaché d'argent, des pièces en argent et une potion dans une fiole.

Le jeune homme se change, enfourche la bête et part au galop. Quand il arrive au pied de la Montagne de Verre, il voit son père aider ses frères à soigner leurs blessures. Ils ont une fois de plus échoué lamentablement. Il confie les rênes à son père, s'éloigne pour boire la potion, revient et lui donne les pièces en argent. Peau de Mouton enfourche son cheval et part comme l'éclair à l'assaut de la Montagne de Verre.

Le père et les frères se demandent qui peut bien être ce vaillant cavalier.

Peau de Mouton atteint le sommet en moins de temps qu'il n'en faut pour le dire et redescend aussitôt. Il file si vite que ses aînés ont à peine le temps de l'apercevoir.

Il rend la monture et l'armure à Lunkentus, remet son manteau de peau de mouton et sa culotte en lin avant de rentrer à la ferme avec son troupeau.

Chez lui on ne parle que des tentatives ratées des deux aînés et du cavalier à l'armure d'argent. Tous se demandent s'il réussira une troisième fois à atteindre sommet de la montagne. Peau de Mouton demande à ses frères de les accompagner le lendemain, mais ceux-ci se moquent une fois de plus de son accoutrement :

— Tu es tout juste bon à garder tes bêtes dans la forêt !

Le lendemain matin, il part avec son troupeau. Cette fois, Lunkentus lui donne une armure en or, un cheval harnaché d'or, des pièces d'or et une fiole remplie de potion :

— Aujourd'hui, tu peux prendre la pomme mais surtout ne t'attarde pas auprès de la princesse et ne lui adresse pas la parole.

Au pied de la montagne, les frères sont en sang, leurs chevaux sont blessés et souffrent terriblement, leur nouvel échec est cuisant. Peau de Mouton tend les rênes de son cheval à son père, boit la potion puis il revient lui donner les pièces d'or. Il enfourche son cheval et bondit à l'assaut de la Montagne de Verre. Des étincelles jaillissent sous les sabots de sa monture. Quand il arrive au sommet, la princesse, entourée de sa cour, lui tend la pomme d'or et lui demande de rester auprès d'elle. Sans répondre, il saisit la pomme, fait demi-tour et dévale la montagne à toute allure. Dans sa hâte, il laisse tomber l'un de ses souliers en or. La princesse s'empresse de le ramasser.

Peau de Mouton rend son armure et son cheval au troll Lunkentus et lui demande de garder la pomme d'or. Il met son manteau en peau de mouton et rentre à la ferme avec son troupeau.

Les frères ne parlent que du cavalier à l'armure d'or qui a réussi les trois épreuves mais qui s'est contenté de disparaître avec la pomme d'or :

— Il a pris la pomme, il pourrait être roi, mais il est reparti au galop et a disparu dans la forêt.

Au château, la princesse ordonne à ses courtisans de retrouver le cavalier à l'armure en or : “Que tous les jeunes gens du royaume se présentent ici demain matin pour essayer ce soulier ! Celui qui a le bon pied doit m'épouser !”

Dès le lendemain matin, les jeunes gens défilent dans la cour du château. Le soulier est trop petit ou trop grand, il est trop étroit ou trop large. La princesse désespère de retrouver le cavalier à l'armure d'or.

À la ferme, les deux frères aînés reviennent du château. Le premier n'a même pas réussi à enfiler la moitié du soulier tant il a de gros orteils. Quant au deuxième, il s'est arraché le talon en essayant de forcer. Il saigne et a du mal à marcher.

— J'y vais aussi ! annonce Peau de Mouton.

Les deux aînés se moquent de lui et lui lancent des quolibets :

— Tu n'as pas de quoi te vêtir correctement. Une peau de mouton pour seul accoutrement. Tu es tout juste bon à garder les bêtes dans la forêt !

Il prend tout de même la direction du château. Il attend son tour et, quand il enfile le soulier en or, celui-ci lui va comme un gant.

La princesse est prévenue. Elle se précipite vers lui :

— Qui me prouve que tu es le cavalier à l'armure d'or ?

Peau de Mouton prend son sifflet et souffle. La princesse se bouche les oreilles. Lunkentus apparaît aussitôt avec la pomme d'or et l'armure en or.

La princesse a les preuves nécessaires. Elle observe de près le jeune homme. Malgré son manteau en peau de mouton, il est plutôt joli garçon.

Les noces sont célébrées le soir même et c'est vêtu de son armure en or que Peau de Mouton s'est marié. La noce a duré trois jours et trois nuits. La princesse était aussi belle que joyeuse. Elle tenait son nouvel époux d'une main et la pomme d'or de l'autre.

Pendant que les mariés et leurs invités se réjouissent, à la ferme, le père et les frères se demandent où Peau de Mouton a bien pu passer. Aucune nouvelle depuis qu'il est parti au château pour essayer le soulier.

Au château, la fête est terminée. Le marié dit à la princesse :

— Allons rendre visite à ma famille. Quoi que je fasse, ne te mets pas en colère contre moi. Fais comme si tout te semblait normal.

Il quitte ses vêtements et revêt son manteau en peau de mouton puis il prend la direction de la ferme. Loin derrière, la princesse, le roi et les courtisans le suivent.

Les frères le voient arriver de loin, ils crient après lui :

— Où es-tu donc passé ? Trois jours sans nouvelles…

— J'ai donné un coup de main dans les cuisines du roi et je n'ai pas pu rentrer plus tôt. Le roi, la princesse et toute la cour arrivent dans un instant pour nous rendre visite.

C'est la mère qui se met à hurler cette fois :

— Comment ? Le roi en personne ? Nous n'avons rien à lui offrir !

— Donne-lui des pommes de terre et de la graisse de rôti, répond Peau de Mouton. C'est ce qu'il préfère.

— Mais qui le servira ?

— Moi-même, répond le jeune homme, j'en ai l'habitude maintenant.

Voici le roi, la princesse et toute la cour qui arrivent. Ils s'installent autour de la table. Peau de Mouton sert les invités. Il met deux pommes de terre dans chaque assiette et dit :

— Voici le repas, c'est tout ce que vous aurez aujourd'hui !

Quand il revient dans la cuisine, sa mère lui tire les cheveux "Insolent !"

Elle lui donne la poêle et lui demande de servir la graisse. Quand il est à côté de la princesse, il fait mine de trébucher et renverse toute la graisse sur ses genoux.

Le père de Peau de Mouton est confus, il l'attrape par le col, le jette dans la porcherie et l'enferme à double tour.

La princesse est installée dans une chambre sous le toit pour y passer la nuit.

Vers minuit, Peau de Mouton force la porte de la porcherie, grimpe sur une échelle et la rejoint en passant par la fenêtre.

Au lever du jour, le père de Peau de Mouton vient réveiller la princesse et trouve son fils endormi à ses côtés. Le vieil homme est affolé. Il se tient dans l'encadrement de la porte, agite les bras et chuchote :

— Allez ouste ! Va-t'en ! Va-t'en ! Le roi nous tuera.

— Pas question, je me sens si bien ici.

Le père est sur le point d'étouffer. La princesse se réveille, voit la scène et éclate de rire :

— C'est mon mari et je suis sa femme.

Peau de Mouton rit aussi. Il souffle dans le sifflet et Lunkentus arrive, avec des vêtements neufs, un cheval et un carrosse.

Des années plus tard, quand le roi est mort, Peau de Mouton est devenu roi à sa place et la princesse est devenue reine.

On dit qu'ils ont vécu longtemps heureux.

On dit aussi que, jusqu'à la fin de ses jours, Peau de Mouton ne s'est jamais séparé de son sifflet et que Lunkentus n'a jamais manqué de l'aider.

POISSON MON AMOUR

Un pêcheur et sa femme vivaient en haut d'un morne, avec leurs deux enfants ; une fille, Totottte, et un garçon, Zéphyrin. Si Tototte était un peu sotte, Zéphyrin, lui, était un petit garçon très malin.

Un jour, il a plu si fort, il a plu si longtemps, que l'eau est montée. Elle a charrié tout sur son passage. Il a tant et tant plu ce jour-là que partout dans le pays, les rivières, les ruisseaux et même la mer avaient la couleur rouge de la terre.

Quand la pluie s'est arrêtée, au petit matin, la mère de Tototte et Zéphyrin s'est levée. Elle a réveillé les enfants. Elle leur a préparé un café léger et du pain et, quand ils ont fini de manger, elle a donné à chacun une calebasse et leur a dit :

— Allez me chercher de l'eau claire et gare à vous si l'eau est mêlée de terre !

Les enfants prennent le chemin des mornes, ils montent, ils montent, ils montent, jusqu'à la source. Ils cherchent un endroit où l'eau est claire mais en vain. Ils finissent par remplir les calebasses du mieux qu'ils peuvent puis redescendent chez eux. Ils posent les calebasses sur la table de la cuisine et vont jouer dehors. La mère regarde dans les calebasses et voit, tout au fond, des traces de terre rouge. Elle se rue sur les enfants et fait tomber sur leur dos une pluie de coups. Ils vont se coucher sans manger ce soir-là.

Le lendemain matin, au pipirite chantant, la mère réveille ses enfants, leur colle une calebasse dans la main :

— Allez me chercher de l'eau claire et gare à vous si l'eau est mêlée de terre !

Zéphyrin remonte vers la source, Tototte hésite sur le chemin à prendre. Elle réfléchit : "De toute manière je vais prendre des coups, autant aller jouer au bord de la mer !" Elle prend le chemin qui descend vers la plage, pose sa calebasse et, à l'endroit où l'eau de la mer se mêle au sable pour être si douce aux pieds, Tototte se met à chanter et à sautiller.

Soudain, l'eau de la mer se met à frémir, à bouillonner et une vague légèrement plus grosse que les autres s'étale jusqu'au milieu de la plage.

Quand la vague se retire, elle laisse sur le sable mouillé un grand poisson qui a dans ses écailles tous les bleus du ciel et de la mer, et là-bas ce n'est pas rien. Le poisson lève les yeux vers Tototte et dit :

— C'est toi qui as une si belle voix. Que cherches-tu par ici ?

— De l'eau claire pour ma mère.

— De l'eau claire ? Je sais où en trouver mais viens d'abord t'asseoir auprès de moi. Je m'appelle La Bleue.

Tototte relève son jupon et s'assied dans le sable mouillé. Elle prend le poisson dans ses bras et ils échangent des caresses, des baisers salés, des baisers mouillés et des douceurs. Quand ils ont fini les tendresses, La Bleue prend la calebasse dans sa bouche et plonge tout au fond de l'océan. Il revient quelques minutes plus tard avec de l'eau claire comme du cristal. Il dit :

— Tototte, tu es une fille très aimable. Chaque fois que tu auras besoin de moi, viens ici et chante :

La Bleue, La Bleue,
Viens pour mes caresses.
La Bleue, La Bleue,
Viens pour mes baisers tendresse.

Je viendrai et je te donnerai tout ce que tu voudras. N'en dis mot à personne ; c'est un secret entre toi et moi.

La Bleue plonge dans les vagues et disparaît dans l'océan. Tototte est heureuse. Elle rentre chez elle et arrive en même temps que Zéphyrin. Ils posent les calebasses sur la table de la cuisine et, quand la mère regarde ce qu'ils ont apporté, une pluie de coups s'abat sur le dos et les reins de Zéphyrin. Tototte ne reçoit pas de coups, non, sa mère lui donne une pomme-cannelle pour la récompenser. Dans son lit,

Zéphyrin susurre entre ses dents : "Tu verras ce que tu verras, Tototte !"

Le lendemain matin, au pipirite chantant, la mère réveille les enfants et leur donne une calebasse chacun. Au moment où Tototte prend le chemin de la plage, Zéphyrin lui dit :

— Sœurette, emmène-moi avec toi.

— Non, tu es trop petit et ce que je fais ne te regarde pas.

— Je t'en prie, sœurette, je fermerai les yeux.

Elle hésite, puis elle lui demande :

— J'ai une idée. Dis-moi, Zéphyrin, tu vois mieux ce qui se passe autour de toi quand tu es sous une bassine en fer ou quand tu es sous un panier en osier ?

Zéphyrin réfléchit et dit :

— Sous une bassine, je vois tout, mais sous un panier je ne peux rien voir ni entendre.

Tototte prend donc un panier en osier tressé, sa calebasse et dit à son frère :

— Allez ! Viens avec moi !

Arrivée sur la plage, Tototte pose la calebasse dans le sable et demande à son petit frère de se mettre à quatre pattes, ensuite elle pose au-dessus de lui son panier retourné. Quand il est bien caché sous le panier, elle va à l'endroit où l'eau de la mer se mêle au sable pour être si douce aux pieds et elle se met à chanter :

La Bleue, La Bleue,
Viens pour mes caresses.

La Bleue, La Bleue,
Viens pour mes baisers tendresse.

L'eau de la mer se met à frémir, à bouillonner et une vague plus grosse que les autres s'étale jusqu'au milieu de la plage. Quand elle se retire, elle laisse sur le sable un grand poisson qui a dans ses écailles tous les bleus du ciel et de la mer, et là-bas ce n'est pas rien. Tototte remonte son jupon et s'assied. Elle prend le poisson dans ses bras et ils échangent des caresses, des baisers salés, des baisers mouillés et des douceurs.

Quand ils ont fini leurs tendresses, La Bleue prend la calebasse dans sa bouche et plonge tout au fond de l'océan. Il revient quelques minutes plus tard avec de l'eau claire dans laquelle se reflètent le ciel et tous ses nuages. Il la donne à Tototte, plonge dans les flots et disparaît dans les vagues.

Tototte libère Zéphyrin et en remontant vers la maison elle lui demande :

— Dis-moi Zéphyrin, tu as vu quelque chose ?

— Non, sœurette, je n'ai rien vu.

— Tu as entendu quelque chose ?

— Non sœurette, je n'ai rien entendu.

Ils arrivent à la maison, Tototte va dans la cuisine pour y poser sa calebasse. Zéphyrin va immédiatement voir son père et sa mère pour leur dire :

— Tototte est amoureuse d'un poisson !

— Ma fille ? Amoureuse d'un poisson !? Alors ça, jamais ! Je le tuerai !

Le père et la mère appellent Tototte et lui demandent d'aller chez sa marraine pour lui porter un panier d'avocats. Elle répond :

— C'est à trois mornes d'ici. Je ne pourrai jamais aller et revenir avant la nuit.

— Tu obéis !

Elle obéit. Elle prend le panier et se met à marcher.

Elle marche, elle marche, elle marche.

Elle monte, elle descend, elle monte, elle descend…

Tototte est à peine partie que son père aiguise déjà son sabre. La mère, elle, prépare le harpon et son panier. Zéphyrin répare les filets. Ils descendent vers la plage et ils s'arrêtent là où Tototte a chanté le matin même. Le petit garçon leur apprend la chanson. Le père dit :

— C'est moi le pêcheur ici. C'est moi qui chanterai.

Le père chante de sa grosse voix écorchée :

La Bleue, La Bleue,
Viens pour mes caresses.
La Bleue, La Bleue,
Viens pour mes baisers tendresse.

La mer ne frémit pas.

— Ta voix est trop grosse, dit sa femme. C'est une voix douce comme la mienne qu'il faut. Et de sa voix éraillée elle se met à brailler :

La Bleue, La Bleue,
Viens pour mes caresses.
La Bleue, La Bleue,
Viens pour mes baisers tendresse.

La mer est toujours aussi calme.

— Tu as une voix de crécelle, dit Zéphyrin. Cette chanson, c'est moi qui l'ai entendue, c'est moi qui la chanterai.

De sa voix d'enfant, il chante :

La Bleue, La Bleue,
Viens pour mes caresses.
La Bleue, La Bleue,
Viens pour mes baisers tendresse.

L'eau de la mer se met à frémir, à bouillonner et une vague plus grosse que les autres arrive au milieu de la plage. Quand elle se retire, elle laisse sur le sable mouillé un grand poisson qui a dans ses écailles tous les bleus du ciel et de la mer, et là-bas ce n'est pas rien.

En moins de temps qu'il n'en faut pour le dire, le père abat son sabre sur le poisson. Il le coupe en tranches que la mère lave dans l'eau salée avant de les mettre dans son panier. Elle jette dans les vagues la queue de La Bleue où il n'y a rien à manger.

La mer se teinte de rouge sang.

Seule la queue de La Bleue a échappé au carnage, elle disparaît dans les vagues.

Dans les mornes, Tototte continue de marcher, elle arrive enfin chez sa marraine mais la porte est close. Elle pose le panier d'avocats sur la galerie et revient sur ses pas. Elle marche beaucoup, elle marche longtemps, elle marche tant et tant qu'elle finit par arriver. Il fait nuit noire.

Elle fait un détour par la plage, et là, elle sent son cœur se serrer. Elle remonte vers la maison. Ils sont tous à table, ils mangent un court-bouillon de poisson qui sent si bon.

Tototte se met à table, sa mère la sert, mais chaque fois qu'elle porte un morceau à sa bouche, il retombe tout seul dans l'assiette. Elle se sent toute triste. Elle sait qu'il s'est passé quelque chose pendant son absence.

Cette nuit-là, Tototte se couche le cœur lourd et ne réussit à prendre sommeil que très tard. Au petit matin, elle se lève avant tout le monde et descend vers la plage. Elle va là où l'eau de la mer se mêle au sable pour être si douce aux pieds et elle se met à chanter :

La Bleue, La Bleue,
Viens pour mes caresses.
La Bleue, La Bleue,
Viens pour mes baisers tendresse.

L'eau est rouge sang et une petite vague jette sur la plage la queue de La Bleue.

Tototte comprend, elle se met à pleurer toutes les larmes de son corps, toutes les larmes de son cœur et plus elle pleure, plus elle s'enfonce dans le sol. D'abord ses pieds, puis ses chevilles, puis ses genoux. Elle s'enfonce petit à petit, jusqu'à la taille, jusqu'au cou, jusqu'au front…

Tototte a tant et tant pleuré que son corps a disparu sous le sable. Il ne reste d'elle que ses longues nattes. Et de ses nattes se met à pousser un arbuste aux feuilles vertes et dentelées qui sont si parfumées et dans les feuilles apparaissent des fruits rouges comme le sang, brûlants comme l'amour.

C'étaient les premiers piments.

LE PETIT LIT* MAGIQUE

Deenu est un menuisier que la malchance poursuit fidèlement. Il n'a pas vendu un seul meuble depuis des mois et, comme il n'a plus de quoi subvenir à ses besoins, il quitte son village pour tenter de trouver du travail quelque part dans le pays. Il a, pour tout bagage, ses outils et un peu de nourriture. Il marche toute la journée et s'arrête au bord d'une rivière.

Il s'assied au pied d'un figuier des pagodes pour manger, défait son baluchon, prend juste de quoi tromper sa faim et, quand il porte la première bouchée à ses lèvres, une voix l'appelle :

— Deenu ! Avant d'apaiser ta propre faim, pense à la mienne. J'ai faim moi aussi !

Surpris, il regarde autour de lui. Il n'y a personne. "C'est sans doute la voix d'un dieu de la rivière", pense-t-il. Il cherche, il cherche, il a beau chercher, il ne voit que l'eau qui coule tranquillement vers l'aval, brillante au soleil. Il partage sa pitance en deux et jette une moitié dans l'eau.

La voix se fait de nouveau entendre :

* *Cot*, en anglais, signifie très précisément : lit d'enfant.

— N'aie pas peur, Deenu, je ne te ferai pas de mal. J'erre depuis des années au fond de cette rivière et c'est bien la première fois que quelqu'un se montre aimable avec moi.

— Qui es-tu ?

— Je suis Kathola, le petit lit. Il y a très longtemps, j'étais le trône d'un grand roi. Quand il est mort, ses fils ingrats l'ont jeté dans la rivière et moi avec. Les poissons et les crocodiles ont dévoré le souverain et, moi, je suis resté là. Ses fils ne m'auraient jamais traité de la sorte s'ils avaient su combien je vaux.

— Et quelle est donc ta valeur ? demande Deenu.

— Tu n'as qu'à me sortir de cette rivière et tu le sauras. Tu me répareras et tu iras me vendre au marché. Quand quelqu'un te demandera mon prix, tu lui diras de s'adresser directement à moi.

Le charpentier est curieux. Il pénètre dans l'eau et réussit à tirer le petit lit sur la berge. Il voit immédiatement qu'il est de bonne facture et qu'il est fait avec le plus beau mahogany.

Deenu est un artisan habile de ses doigts, il a vite fait de remettre le petit lit en état. Quand il a fini, il le porte jusqu'au marché le plus proche, il s'assied juste à côté et attend un acheteur. Les passants s'arrêtent pour admirer le petit lit mais nul n'ose en demander le prix car il est fait d'un bois précieux et cher.

Au coucher du soleil, Deenu s'apprête à repartir, quand il voit arriver le roi sur son cheval blanc :

— Menuisier, je vois que tu n'as pas vendu ton beau petit lit.

— Non, Majesté. Nul n'a sans doute les moyens d'en payer le prix, ce royaume me semble bien pauvre.

— Quel en est le prix ? Je payerai la somme que tu en demanderas.

— Majesté, demandez directement au lit son prix.

Intrigué, le roi met pied à terre, se baisse vers le petit lit et demande :

— Petit lit, quel est ton prix ?

À son grand étonnement, il entend le lit lui répondre :

— Cent mille roupies.

Le roi éclate de rire :

— Qu'as-tu de si précieux pour être aussi onéreux ?

Et le lit de répondre :

— Tu n'as qu'à m'emmener chez toi et tu verras.

Le roi est curieux. Il fait donner à Deenu plus de pièces qu'il ne peut en porter. Le menuisier est heureux, il le remercie maintes fois et reprend le chemin de son village.

Revenons donc au roi.

À peine arrivé au palais, il entend le petit lit qui lui dit :

— Cette nuit, tu dois me mettre dans une pièce vide et dormir tout seul sur moi. Tu découvriras alors pourquoi je suis aussi précieux.

Le roi fait comme le petit lit le lui a demandé. Il le pose dans une chambre vide et s'y allonge. Il se tourne et se retourne comme un moulin. Le petit lit est confortable, mais le souverain a peur qu'en s'endormant, il ne rate un événement important.

À minuit, il entend les quatre pieds du lit qui se mettent à converser. Le premier dit aux trois autres :

— Mes chers frères, pouvez-vous soutenir le lit sans moi un moment ? J'ai besoin de sortir prendre l'air.

Le lit tient sur trois pieds tandis que le quatrième saute et rebondit sur le sol avant de sortir par le portail du palais. Il revient un peu plus tard et reprend sa place.

— Qu'as-tu vu dehors ? demandent les autres.

— Il y a une tigresse qui pleure sur la berge de la rivière. Un homme aux vêtements recouverts de pierres précieuses flotte, mort, à la surface de l'eau. Elle a faim et voudrait le manger. Elle m'a dit qu'elle donnera les vêtements et les joyaux à celui qui repêchera le corps pour lui permettre d'apaiser sa faim.

Le roi ne dort pas, il ne rate pas un seul mot.

Un moment plus tard, le deuxième pied du lit annonce aux trois autres qu'il sort prendre l'air. À son retour, les autres pieds lui demandent ce qu'il a vu.

— J'ai croisé un géant qui venait ici. Je lui ai demandé : "Pourquoi vas-tu jusqu'au palais du roi ?" Il m'a répondu : "Je vais tuer le roi. Tous les jours, il nous donne, à ma famille et moi, de quoi manger. Aujourd'hui, il ne nous a rien apporté parce qu'il a dépensé une fortune pour l'achat d'un petit lit. Nous avons si faim que nous allons le dévorer." J'ai frappé le géant sur la tête jusqu'à ce qu'il reparte en courant mais il a juré de revenir très vite.

Le roi a tout entendu.

C'est au tour du troisième pied d'aller prendre l'air. À son retour, il raconte ce qu'il a vu :

— J'ai rencontré une vieille femme qui pleurait à côté de la rivière. Son fils unique vient de mourir. Elle m'a dit : "Si quelqu'un porte son corps et le plonge sept fois dans la rivière, il reviendra à la vie. À celui qui me le ramènera vivant, je dirai où se trouve un trésor précieux enterré sous ma cabane."

Le roi écoute et sourit.

Le quatrième pied va à son tour se promener dehors et revient en disant aux trois autres :

— Un serpent noir vient de pénétrer dans cette salle et se cache dans le soulier du roi. Dès que le roi voudra se chausser, il se fera piquer.

Le souverain a bien entendu.

Quand les quatre pieds du lit se taisent, le roi comprend qu'ils se sont endormis. Il se lève. Il secoue ses chaussures, le serpent tombe sur le sol. Le roi le frappe avec son sabre et le découpe en morceaux.

Puis le roi sort du palais. Il va trouver la vieille femme en train de pleurer :

— Où est ton fils ?

La mère lui montre le corps. Le roi le porte sur son dos, entre dans la rivière et le plonge sept fois dans l'eau. Il ramène le fils vivant à sa mère qui rit de joie. Elle emmène le roi jusque dans sa cabane et lui montre l'endroit exact où il doit creuser pour trouver le trésor. Le roi saisit une pelle et se met à creuser. Il trouve un coffre en bois et en cuivre. Il soulève le couvercle et voit des milliers de pièces d'or qui brillent dans la lueur de la lampe.

Au lever du jour, le roi est devant le portail du palais, il attend le géant. Son attente est brève car il le voit arriver aussitôt avec une armée de ses semblables :

— Nous avons faim. Tu nous as oubliés, tu ne nous as rien donné aujourd'hui. Si tu ne veux plus nous nourrir, nous te dévorerons.

— J'ai demandé à mes cuisiniers de vous préparer un repas grandiose. Plus jamais je n'oublierai de vous nourrir.

Un repas copieux est servi. Les géants se régalent et repartent chez eux, le ventre plein.

Quand ils ont disparu, le roi se dirige vers la tigresse. Elle pleure de faim. Il repêche le corps de l'homme mort dans la rivière et le pose devant elle afin qu'elle puisse le manger. Il le déshabille et rentre au palais avec les vêtements du défunt entièrement recouverts de diamants, de rubis et de saphirs.

Ce jour-là, le roi fait venir Deenu au palais et lui dit :

— Le petit lit que tu m'as vendu vaut beaucoup plus cher que ce que je t'ai payé. Je te prie d'accepter mes remerciements.

Le roi donne à Deenu autant d'or et de pierres précieuses qu'il peut en porter.

Et depuis, Deenu n'a plus jamais souffert de la faim.

LES PANTOUFLES D'OR, LA BAGUE MAGIQUE ET LES BRINDILLES ENCHANTÉES

Un jeune homme marchait dans la steppe, loin de tout campement. Nul ne savait d'où il venait, nul ne savait où il allait. Il était tout seul dans la steppe vaste et aride, sans monture, sans provisions et sans abri. Il marchait depuis des semaines, il marchait depuis des mois, tourmenté par la faim, tenaillé par la soif, il marchait. Mais, aussi loin que son regard pouvait porter, il ne voyait rien ni personne.

Un jour, il passe à côté d'un énorme trou. Il s'en approche et aperçoit un escalier qui descend dans les profondeurs obscures de la terre. Le jeune homme emprunte les marches, espérant rencontrer quelqu'un qui pourrait lui offrir l'hospitalité.

Arrivé à la dernière marche, il se retrouve devant un grand rocher qui obstrue une porte entrebâillée. Il passe à grand-peine par-dessus le rocher, et pousse la porte qui s'ouvre aussitôt. Dès qu'il en a franchi le seuil, la porte claque violemment derrière lui.

Il fait noir comme dans un four. Quand ses yeux s'habituent à l'obscurité, il distingue des murs. Il est dans une salle étroite, toute en longueur. À l'extrémité de la pièce, une fosse profonde est remplie à ras bords d'os et de crânes humains.

Le jeune homme est pris de panique, il tente de rebrousser chemin pour s'enfuir, mais la porte ne s'ouvre pas, elle est fermée, bien fermée. Il est prisonnier.

Il regarde tout autour de lui, il cherche une issue et là, juste au-dessus de sa tête, très haut dans le mur, un maigre rayon de lumière filtre à travers un soupirail.

Il se dirige vers la fosse. Il prend son courage à deux mains et saisit à pleins bras des os et des crânes qu'il empile sous l'ouverture lumineuse. Pendant trois jours et trois nuits, il empile les ossements. À l'aube du quatrième jour, il parvient à atteindre le soupirail en grimpant sur le tas d'os et de crânes.

Quand il parvient au sommet de l'échafaudage macabre, il voit, à travers l'ouverture éclairée, deux pieds délicats chaussés de pantoufles d'or. Il ne résiste pas… il passe les bras à travers le soupirail et saisit solidement les deux chevilles. Un cri strident… et les deux pieds décollent du sol, l'entraînant derrière eux.

Le jeune homme ferme les yeux, il ne comprend pas ce qu'il lui arrive. Il se sent emporter très haut et n'ose pas lâcher prise. Il finit par entrouvrir les paupières : il est très très haut dans le ciel, accroché de toutes ses forces à deux pieds qui l'emmènent encore plus haut. La terre semble si lointaine. Il se cramponne aux chevilles, tente de tenir bon et, épuisé, il finit par lâcher prise. Une chute infinie… il tombe sur le sol. Il n'en revient pas d'être en vie et, surprise, l'une des pantoufles en or est restée dans sa main.

Il lève la tête vers le ciel et il a juste le temps de voir la créature à laquelle il était accroché quelques instants plus tôt se transformer en nuage et disparaître au loin.

Le jeune homme cache la pantoufle en or sous sa chemise et reprend sa route, seul dans la steppe vaste et aride, sans monture, sans destination, sans eau et sans nourriture.

Il marche beaucoup, il marche longtemps, il marche tant et tant qu'il finit par arriver devant une ville. Des hommes, des femmes, des enfants arrivent par centaines dans sa direction. Les habitants quittent la ville.

— Pourquoi abandonnez-vous votre ville ainsi ? demande le jeune homme.

Les habitants ne le gratifient pas d'un regard : qui s'arrêterait pour un voyageur seul et sans monture ? Ils lui répondent d'une seule voix, tout en marchant :

— Au beau milieu de la ville, il y a un étang. Une fois par semaine, il déborde et nous inonde. Pour que l'étang regagne son bassin et que l'eau se retire, nous devons y jeter une belle jeune fille et un mouton bien gras. Si nous ne lui donnons rien, l'eau monte si haut qu'elle détruit la ville. L'étang va déborder dans trois jours, voilà pourquoi nous préférons fuir.

— Si vous me donnez ce que je vous demanderai, je ferai en sorte que l'étang ne vous inonde pas.

Tous s'arrêtent aussitôt de marcher. La population de la ville promet de combler les désirs du voyageur. Et tous, sans exception, reviennent sur leurs pas pour rentrer chez eux

L'étrange vagabond passe trois jours, accueilli et nourri comme un prince. Quand l'étang se met à déborder, il se munit d'un poignard, s'installe dans une barque sur l'étang en crue et rame jusqu'au centre. Un doigt qui pointe vers le ciel surgit de l'eau. Le doigt porte un anneau d'or. Le jeune homme saisit l'anneau et, pendant plus de trois heures, il lutte avec le doigt. Le jeune homme tire vers le haut et le doigt tire vers le fond. Pendant ce temps, le niveau de l'eau ne bouge pas. Le doigt finit par disparaître dans l'étang et le jeune homme rentre avec l'anneau d'or dans les mains. Il le cache sous sa chemise, avec la pantoufle.

L'eau se met à baisser, à baisser, à baisser et, en un clin d'œil, l'étang est asséché.

Le jeune homme retourne voir les habitants :

— J'ai tenu ma promesse et l'étang est sec maintenant. Vous avez promis de me donner tout ce que je voudrais !

— Que désires-tu donc ?

— Construisez-moi une belle maison, trouvez-moi une bonne épouse et donnez-moi de l'or à profusion. J'ai décidé de vivre ici, dans votre ville.

Les habitants se regardent ahuris et finissent par lui dire :

— Nous te donnerons tout l'or que tu souhaites mais va habiter sous d'autres cieux. Nous ne voulons pas te construire une maison ici et encore moins te donner l'une de nos filles pour femme !

— Si vous ne me donnez pas une femme et une maison, je m'en vais ! Gardez votre or, je n'en ai pas besoin !

Et voilà notre voyageur de nouveau sur la route, seul au milieu de la steppe vaste et aride, sans monture, sans destination, sans eau et sans nourriture. Il marche pendant neuf jours et neuf nuits et arrive dans une autre ville. La population est en effervescence. Ils chargent des charrettes de matelas et de meubles. Ils vident les maisons et portent des baluchons.

— Où fuyez-vous comme ça ? demande le jeune homme.

— Cela fait neuf jours que le fils du khan est mort, répond un homme d'âge mûr. Mais toutes les nuits, à onze heures, son cadavre prend la forme d'un chameau et arpente les rues. Il hurle et terrorise femmes et enfants. Voilà pourquoi nous avons tous décidé d'aller vivre ailleurs.

— J'irai sur la tombe du mort, dit le jeune homme, et je ferai en sorte que son cadavre ne vienne plus vous importuner. En retour, vous devez me donner tout ce que je vous demanderai.

La population de la ville promet.

Le jeune homme va s'asseoir sur la tombe du fils du khan, il attend. Dans la nuit, il entend un grondement de tonnerre. Il lève la tête au ciel et voit un énorme nuage noir se diriger vers lui. Il se cache derrière un buisson. Le nuage atteint le sol et prend une forme humaine ; une belle jeune femme tient dans une main une pelle, et dans l'autre une houe. La jeune fille se met à creuser la tombe, l'ouvre et l'asperge d'eau. Le fils du khan revient à la vie. Elle pose alors la pelle et la houe par terre, se précipite dans la tombe et couvre de baisers le défunt.

Le voyageur sans destination sort sans bruit de sa cachette et saisit la pelle et la houe. Dès que ses doigts les effleurent, les outils se transforment en brindilles, la jeune fille s'évanouit, mais le fils du khan demeure en vie.

Le jeune homme cache les brindilles sous sa chemise, avec les pantoufles d'or et l'anneau d'or. Il s'allonge ensuite dans la tombe à côté du fils du khan et entame avec lui une conversation animée.

Au lever du soleil, les deux jeunes gens se lèvent et se rendent au palais. Le voyageur solitaire demande à son compagnon de rester dans la cour et va se présenter au khan. Il le salue bien bas et lui annonce la nouvelle :

— Cher khan, je t'ai ramené ton fils, vivant.

— Tu es un esprit du mal ! hurle le khan. Comment peux-tu ramener vivant un homme mort ? Tu es un diable ! Va-t'en !

— Si tu ne me crois pas, va vérifier dans la cour !

Le khan va dans la cour et voit son fils debout, qui sourit. Ils s'embrassent et pleurent de joie. Le souverain remercie le jeune homme, lui offre à boire et à manger, puis il ordonne à ses hommes de rassembler le peuple devant son palais afin de célébrer le retour de son fils.

Les réjouissances durent sept jours et sept nuits et, quand la fête est finie, l'étranger se lève et demande au peuple de la ville :

— Maintenant vous devez réaliser mon vœu.

— Que désires-tu donc ?
— Je veux devenir khan à la place du khan !
— Tu es devenu fou ! Jamais !

Le jeune homme, déçu, s'en va sans rien dire.

Il reprend sa route, seul dans la steppe vaste et aride, sans monture, sans destination, sans eau et sans nourriture.

Il marche pendant quatre jours et quatre nuits. Il a faim, il a soif, il a chaud. Dans le ciel les nuages s'amoncellent comme pour annoncer la pluie. L'idée d'un orage le réjouit ; bientôt il pourra boire l'eau du ciel. Il voit soudain un nuage blanc onduler tout là-haut. Il le regarde fixement, étonné. À force de regarder, il finit par distinguer, dans le nuage, un palais dont les murs sont d'or et d'argent.

Le jeune homme saute et rit de joie. “C'est là que mon voyage doit s'achever !” Il cherche le moyen de parvenir jusqu'au nuage blanc. Il se souvient des deux brindilles qu'il a sous sa chemise. “Si ces deux brindilles pouvaient se transformer en arbres, je pourrais y grimper et atteindre ce palais !”

Il saisit les brindilles et les lance par terre. En un clin d'œil, un arbre immense dont la cime atteint le palais dans les nuages a poussé devant lui. Il grimpe de branche en branche, de branche en branche, et arrive devant la porte du palais. À peine a-t-il ouvert la porte que l'arbre redevient brindilles, à ses pieds.

Le jeune homme les ramasse et les remet sous sa chemise, avec les pantoufles et l'anneau. Il pénètre dans le palais. Les pièces sont plus somptueuses les unes que les autres. Il arrive enfin dans une chambre où trois lits avec des matelas de duvet sont recouverts de couvre-lits blancs. Dans un coin de la pièce, il y a une table ornée d'une nappe brodée sur laquelle sont disposés des livres et un miroir.

Il se cache sous un lit et attend. Il attend de longues heures, quand soudain un bruit d'ailes se fait entendre et trois cygnes entrent par la fenêtre. Ils regardent autour d'eux puis ils laissent tomber leur plumage et se transforment en trois jeunes filles, belles comme la lumière.

Elles parlent toutes en même temps, se pomponnent devant le miroir et rient. L'une d'elles fait du thé, les deux autres s'installent autour de la table et se mettent à feuilleter les livres. Quand le thé est servi, elles boivent, mangent des fruits secs et des sucreries, et bavardent joyeusement :

— Je dois vous raconter mes aventures, dit l'une d'elles, vous ne me croirez pas !

— Raconte ! la supplient les deux autres. Nous te raconterons les nôtres !

— Bon. Comme vous le savez, j'ai une maison sous terre au cœur de la steppe. Cette maison n'a qu'une seule porte qui se referme dès qu'un humain en a franchi le seuil. Je dévore tous ceux qui s'y aventurent et s'y trouvent enfermés. Quand j'y suis, j'en sors par une ouverture qu'il y a dans le plafond. L'autre jour, je me reposais chez moi, quand quelqu'un m'a saisie violemment par les chevilles. J'étais tellement surprise que j'ai pris mon envol, mais l'homme n'a pas lâché prise. Finalement j'ai réussi à m'en débarrasser mais j'y ai perdu une de mes pantoufles en or. Je ne sais pas qui est cet homme courageux, mais si je le retrouve, je l'épouse !

La deuxième jeune fille raconte, à son tour :

— Moi aussi il m'est arrivé une aventure étrange. Comme vous le savez, j'ai une mare au milieu d'une ville, et une fois par semaine je la fais déborder et j'inonde les maisons, à moins que les habitants ne me donnent une belle jeune fille et un mouton à dévorer. L'autre jour, quelqu'un s'est battu avec moi et m'a pris mon anneau magique. J'ai perdu mes pouvoirs. Je ne sais pas qui est ce jeune homme courageux, mais si jamais je le retrouve, je l'épouse !

La troisième ajoute :

— Vous savez que j'étais amoureuse du fils du khan et qu'il m'avait repoussée avec mépris. Je l'avais endormi. Son père croyait qu'il était mort, il l'avait enterré. J'ai pris l'habitude de voler jusqu'à sa tombe toutes les nuits. Là je creuse la terre, je le déterre et je le couvre de caresses et de baisers. La dernière fois que j'y suis allée, quelqu'un a volé mes deux brindilles magiques, celles qui m'ont servi à creuser le sol. Le fils du khan est revenu à la vie et je n'ai plus aucun pouvoir sur lui. Je ne sais pas qui est l'homme courageux qui a osé me voler les brindilles, mais si je le retrouve, je l'épouse !

Le jeune homme a tout entendu. Il jaillit de sous le lit et s'installe avec les jeunes filles, comme s'il était chez lui. Effrayées, elles saisissent leur plumage pour s'échapper mais il les arrête net :

— N'ayez pas peur ! Reconnaissez-vous ces objets ?

Il pose sur la table, la pantoufle d'or, l'anneau d'or et les deux brindilles. Les jeunes filles lâchent leur plumage et reviennent, rassurées, vers lui.

— Je vous ai cherchées longtemps, jeunes filles cruelles, et maintenant je viens de vous trouver. Je vous rends ce qui vous appartient, si vous tenez vos promesses !

Elles ont repris leur pantoufle d'or, leur anneau d'or et les deux brindilles et ont tenu leurs promesses. Et tous les quatre se sont mariés. Ils se sont installés dans le palais du ciel et ils y vivent encore, heureux et comblés.

TRULS, FILS DE L'AIGLE

Un homme et une femme avaient un fils, nouveau-né, qui se nommait Truls. Ils étaient très pauvres et travaillaient dur dans les champs. Partout où ils allaient, ils emmenaient leur petit avec eux et gardaient un œil sur lui. Ils l'enveloppaient dans une peau de mouton pour le protéger du froid et le mettaient à dormir dans un couffin en écorce de bouleau. Les voisins l'appelaient Truls-du-couffin-en-écorce-de-bouleau.

Un jour, le couffin est posé en bordure du champ. Les parents du petit garçon sont en train de labourer, quand soudain, un aigle immense surgit du ciel et fonce toutes griffes dehors sur le petit garçon. Les parents ont beau faire pour l'effrayer, l'oiseau saisit l'enfant dans ses serres et regagne le sommet de la montagne. Il dépose le petit dans son nid, au milieu de ses cinq aiglons, et repart aussitôt.

Dès que l'aigle est parti, les aiglons tentent de dévorer Truls mais, bien que petit, il ne se laisse pas faire. De ses menottes potelées il leur distribue des coups si violents qu'ils n'osent plus l'approcher.

Un peu plus tard, quand le grand aigle revient, accompagné de sa femelle, Truls a si peur qu'il se glisse sous les cinq aiglons pour ne plus oser bouger. C'est ainsi que le petit garçon grandit. Il partage avec ses cinq compagnons les joies et les peines, il mange de la viande crue comme eux et devient bientôt un grand garçon vigoureux.

Un jour, les deux grands aigles quittent définitivement le nid. Les aiglons, qui ont grandi eux aussi, partent, chacun à son tour, pour chercher à manger. Installé sur leurs ailes, Truls les accompagne parfois.

Les années passent.

Truls dit un jour à ses frères : "Allons voir le monde." Ils quittent tous les six le nid, pour un long voyage. Quand ils sont très loin, ils survolent un château immense qui brille au soleil. Les aiglons se posent sur le toit. Truls regarde autour de lui et voit une trappe. Il l'ouvre, il descend et se retrouve dans une salle où des milliers de vêtements sont accrochés sur des portants. Truls est heureux. La peau de mouton qu'il a sur le dos est complètement usée et si petite. Il choisit des vêtements neufs, les premiers vrais vêtements depuis sa naissance. Il s'habille comme un prince et, au moment de quitter la pièce, il tombe nez à nez avec un serviteur. Celui-ci le prend pour un prince de passage. Truls demande :

— Je voudrais rencontrer le roi.

— Mon prince, le roi et la reine souffrent d'un chagrin profond. La princesse, leur fille unique, a été enlevée par un géant qui vit dans un château non loin d'ici. Il l'a enfermée dans une pièce au milieu du château, nul ne peut l'approcher. Pour décourager quiconque d'essayer, il a fait creuser autour de la muraille d'enceinte des douves profondes, entourées elles-mêmes d'un feu qui brûle nuit et jour.

— Je sauverai la princesse ! Va donc le dire à ton roi et à ta reine. Dis-leur qu'il y a cinq aigles sur le toit. Quand vous leur aurez donné leur content de viande fraîche, nous irons libérer leur fille.

Dès que les aigles ont fini de dévorer les quartiers de viande qui leur sont servis, ils partent en direction du château du géant, portant Truls sur leur dos.

Le géant entretient le feu, il est si occupé qu'il ne les voit pas atterrir sur le toit.

Le jeune homme se met aussitôt à la recherche de la princesse. Il arpente les couloirs et se retrouve devant une pièce fermée à double tour, il comprend que c'est là que la jeune fille est prisonnière. Il frappe et appelle. La princesse entend une voix qui n'est pas celle du géant. Elle se réjouit.

Truls force la serrure et se retrouve devant la princesse. Elle est belle comme un astre. Elle le trouve beau et élégant :

— Partons loin d'ici, le presse-t-elle.

— Pas avant d'avoir donné à boire aux aigles qui m'attendent sur le toit du château.

Elle le guide vers le puits. Ils remplissent deux seaux chacun et montent retrouver les aigles. Dès que ceux-ci ont assouvi leur soif, ils décollent, emmenant sur leur dos le jeune homme et la princesse.

Le géant les aperçoit. Fou de rage, il arrache un arbre et le leur lance de toutes ses forces. Ce faisant, emporté par son élan, il glisse et tombe dans les flammes. Le feu crépite et lance des étincelles jusqu'au ciel. Une fumée noire et dense masque les nuages. Les aigles et les deux jeunes gens ont du mal à respirer, ils réussissent, avec beaucoup de mal, à arriver au château du roi, sains et saufs. Seuls leurs vêtements ont souffert de la fumée.

Le roi et la reine croient rêver quand ils voient leur fille venir à leur rencontre. Ils remercient Truls et remarquent que la princesse et le jeune homme ne se quittent pas du regard, ils les marient le jour même.

Des noces grandioses sont célébrées. Les jeunes mariés s'installent dans le château et vivent heureux avec le roi et la reine, débarrassés du géant. Truls gouverne avec son beau-père et, partout où il va, les cinq aigles l'accompagnent et veillent sur lui.

Un jour, Truls et la princesse se promènent aux abords du château, suivis des aigles qui volent au-dessus de leurs têtes, quand un coup de feu retentit. L'un des aigles tombe sur le sol, blessé à mort.

Truls est fou de chagrin et de colère. Il donne l'ordre aux soldats de lui amener le chasseur qui a osé tirer sur son frère l'aigle. Un vieil homme arrive, escorté par les soldats :

— Pardonne-moi, mon prince, mais j'ai une haine sans limite pour les aigles. C'est plus fort que moi. J'avais un petit garçon beau et intelligent qui se nommait Truls. Il était ce que nous avions de plus cher, sa mère et moi. Il dormait, couvert d'une peau de mouton, dans un couffin en écorce de bouleaux et un jour un aigle l'a enlevé. Nous ne l'avons plus jamais revu. Voilà pourquoi je tue chaque aigle que je rencontre.

Le jeune homme prend le vieux dans ses bras :

— Je suis ton fils. Un aigle m'a enlevé quand j'étais petit et m'a déposé dans son nid. J'ai grandi avec mes frères aigles, avec pour tout vêtement une peau de mouton.

Les retrouvailles sont célébrées au château du roi. Les parents de Truls sont heureux. Ils se réjouissent de retrouver leur fils vivant et si bien accueilli par la famille royale. Ils déménagent et viennent s'installer tout à côté, dans le château du géant.

Et depuis, c'est la belle vie, à l'abri des ennuis et des soucis.

Un jour le roi est mort. Truls est devenu roi à sa place. Il a régné longtemps avec justice et équité. Le peuple a respecté les aigles et ne les a plus jamais tués.

LA MANGEUSE D'HOMMES

Il était une fois un berger qui n'avait pas un poil sur la tête. Il gardait les moutons et les chèvres de son village. Il avait une petite manie ; partout où il allait, il plantait une graine de jujubier.

Un jour, pendant que son troupeau est en train de paître, il enfonce l'une de ses graines dans la terre en chantant : "Graine de jujubier, demain quand je viendrai, tu auras germé."

Le lendemain, quand il revient, un germe bien vert pointe du sol. Il l'arrose en chantant : "Germe de jujubier, demain quand je viendrai, un arbre tu auras poussé."

Le lendemain, il trouve en lieu et place de sa graine un énorme jujubier. Il l'arrose en chantant : "Mon beau jujubier, demain quand je viendrai, de fruits tu seras chargé."

Le lendemain, le berger trouve le jujubier chargé de fruits. Il l'arrose en chantant : "Mon beau jujubier, demain quand je viendrai, tes fruits seront mûrs et sucrés."

C'est ainsi que, le lendemain matin, le jeune homme trouve les branches du jujubier alourdies par des fruits bien mûrs. Il grimpe dans l'arbre, s'installe sur une branche et se met à manger. Il se régale.

Un moment plus tard, il voit arriver une vieille femme qui tient un sac. Elle s'assied au pied de l'arbre et le regarde. Le berger ne sait pas qu'il a affaire à une mangeuse d'hommes.

— Mon fils, le supplie-t-elle, jette quelques jujubes à une pauvre vieille.

Il cueille deux fruits et les lui jette.

— Mon fils chauve, je n'ai pas réussi à attraper tes fruits et le sol est si boueux par ici. Attache quelques jujubes dans un coin de ton turban et noue l'autre extrémité à ta cheville. Allonge ta jambe pour que je puisse défaire le nœud et les récupérer.

Le berger ne se méfie pas de la vieille. Il fait ce qu'elle lui a demandé. Dès que l'extrémité du turban est à portée de sa main, la vieille s'y agrippe et tire de toutes ses forces. Le berger tombe lourdement sur le sol. En un clin d'œil, la vieille mangeuse d'hommes est sur lui. Elle le saisit et le pousse dans son sac. Elle fait plusieurs nœuds à l'ouverture du sac et part en direction de sa maison.

Sur son chemin, elle s'arrête dans un village. Elle dissimule le sac où le jeune homme est enfermé dans un buisson en bordure d'un champ et va chez le forgeron afin qu'il lui aiguise les dents.

Un paysan est en train de labourer le champ où le sac est dissimulé sous le feuillage. Chaque fois qu'il crie "Ho ! Ho !" pour faire avancer ses bœufs, il entend en écho "Ho ! Ho !" Quand les bœufs arrivent à la limite du champ, il crie "Gowat ! Gowat !" pour leur faire faire demi-tour et il entend en écho "Gowat ! Gowat !" Il regarde autour de lui et voit le sac. Il crie "Gowat !" et entend "Gowat !" Le son provient du sac.

Le paysan défait les nœuds et le berger surgit devant lui. Le paysan fait un bond en arrière tant sa surprise est grande. Il aide le berger à se mettre debout puis il met à sa place, dans le sac, des pierres, de la terre et des ronces. Il refait les nœuds. Le berger le remercie et s'en va.

La vieille mangeuse d'hommes revient de chez le forgeron, les dents bien aiguisées. Elle soulève le sac, le met sur son dos et reprend la route pour rentrer chez elle. Elle sent les ronces lui écorcher le dos :

— Mon fils, menace-t-elle, arrête de me pincer ou tu auras affaire à moi !

Quand elle arrive chez elle, elle ouvre le sac et pousse un hurlement de rage en apercevant la terre, les pierres et les ronces.

Quelques jours plus tard, la vieille mangeuse d'hommes se déguise avec soin et va s'asseoir sous le jujubier. Elle regarde dans les branches et voit le berger en train de déguster les jujubes.

— Jeune homme, sois aimable, lance-moi quelques fruits.

— Vieille femme, va-t'en ! J'ai été aimable avec une vieille et elle m'a remercié en m'enfermant dans un sac. Heureusement qu'un paysan m'a sauvé, autrement je ne sais pas ce que je serais devenu.

La vieille marmonne : "C'est comme cela que tu m'as échappé, canaille. Le paysan verra ce que je lui réserve aussi !" Puis elle prend une voix sirupeuse :

— Mon fils, ne sois pas si rude avec moi. Je ne suis qu'une pauvre vieille seule au monde qui a faim. Ma vue baisse, je n'y vois goutte. Donne-moi quelques jujubes et je ferai des prières pour toi.

Le berger prend pitié de la vieille. Il remplit son turban de jujubes et descend de l'arbre. Dès que ses pieds touchent le sol, la vieille mangeuse d'hommes bondit sur lui, l'attrape et l'enferme dans son sac. Elle fait trois nœuds et met le sac sur son dos. Cette fois elle ne s'arrête pas, elle rentre directement chez elle. Elle donne le sac à sa fille :

— Je dois aller chez le forgeron me faire limer les dents. Tu vas découper en morceaux le jeune homme qui est dans le sac et préparer le dîner. Je ne m'absenterai pas longtemps.

La vieille va chez le forgeron. Sa fille ouvre le sac et en retire le berger :

— Pourquoi ta tête est-elle aussi ronde et aussi parfaite qu'une balle ?

— C'est ma mère qui lui a donné cette forme en la mettant dans le mortier en pierre.

— Ma tête est toute pleine de bosses et toute tordue. Tu veux bien me l'arrondir comme la tienne ?

— Bien sûr. Pose ta tête dans ce mortier en pierre et ferme les yeux. Ta tête sera aussi ronde que la mienne.

La fille de la vieille pose la tête dans le mortier et ferme les yeux. Le jeune homme saisit un pilon en pierre et lui donne un coup si fort qu'il lui fracasse la tête en mille morceaux.

Il prend une cruche et court vers la rivière. Arrivé au bord de l'eau, il retourne la cruche, s'assied dessus et traverse vers l'autre rive.

Quand la vieille mangeuse d'hommes rentre chez elle, elle retrouve sa fille morte. Elle court à la poursuite du berger et arrive au bord de la rivière. Elle le voit sur l'autre rive :

— Mon fils, tu étais mon hôte, pourquoi t'enfuis-tu ? Reviens.

— Non je ne viendrai pas, mais si tu veux me rejoindre, tu n'as qu'à attacher une meule autour de ton cou et sauter dans l'eau.

La vieille rentre chez elle chercher la meule. Elle l'attache autour de son cou et saute dans la rivière pour y disparaître à jamais.

Et voilà que l'histoire est terminée.

LE GÉSIER

Une mère avait trois fils. Elle était très pauvre et travaillait nuit et jour pour subvenir à leurs besoins.

Un jour, elle décide de mettre ses enfants au travail. Elle appelle l'aîné et lui demande :

— Quel métier aimerais-tu faire ?

— Je voudrais être marin et travailler sur la mer.

— Tu seras marin.

Elle appelle son deuxième fils :

— Quel métier aimerais-tu faire ?

— Je voudrais être charpentier.

— Bien. Tu seras donc charpentier.

Elle appelle son plus jeune fils :

— Et toi ? Quel métier aimerais-tu faire ?

— Ce que j'aimerais le plus au monde, c'est devenir chasseur, marcher dans les champs et prendre ce que la nature veut bien me donner.

La mère envoie l'aîné de ses fils sur la mer, elle place le deuxième comme apprenti charpentier et le dernier, lui, reste vivre avec elle à la maison.

Tous les matins, il se lève de bonne heure, il prend son fusil et va chasser. Parfois il rentre le soir même, parfois la nuit suivante, mais il rapporte toujours de quoi manger.

Un an plus tard, l'aîné meurt noyé dans la mer et le deuxième est tué par un mauvais coup de marteau. Seul le benjamin est en vie et aide sa mère à lutter contre la misère.

Un jour, le jeune homme se lève très tôt et s'en va vers la forêt. Quand il arrive en haut des mornes, il voit un petit oiseau avec une marque rose à la base du cou. L'oiseau est beau, il est si beau que le jeune homme a du mal à le tuer, mais il prend son fusil, il vise et tire. L'oiseau tombe par terre, comme mort. Oui, comme mort, car le jeune homme n'a pas tiré pour le tuer mais juste pour l'érafler. Il court vers l'oiseau, le ramasse et caresse doucement ses plumes. Il lui parle, souffle sous son plumage… et l'oiseau reprend vie.

Il emmène l'oiseau chez lui et dit à sa mère :

— Mère, nous mangerons tout le gibier que j'apporte, mais il ne faudra jamais manger cet oiseau, même si nous mourons de faim. Tu ne dois pas toucher une plume de cet oiseau car il est unique.

Le jeune homme construit une cage pour l'oiseau et lui achète du grain. Le matin, avant d'aller chasser, il le nourrit et demande à sa mère de lui donner de nouveau à manger à onze heures, et du grain à volonté. L'oiseau grandit et devient magnifique, il fait sa toilette tout seul, nettoie son plumage et ressemble de plus en plus à un pigeon.

Un jour, un Blanc, au volant de sa voiture, passe devant la maison et voit l'oiseau dans la cage. Il reconnaît immédiatement la marque rose au bas de la gorge. Il sait que cet oiseau est particulier ; celui qui en mangera le gésier deviendra si riche que sa maison débordera d'or.

L'homme arrête sa voiture, passe le portail et frappe à la porte de la femme.

— Madame, dit-il, puis-je vous demander un verre d'eau s'il vous plaît ?

“Ces Blancs-là, ils ont toujours besoin de choses spéciales ; des couteaux, des fourchettes, des cuillères, des verres…” Elle n'a aucun verre chez elle.

— Excusez-moi, dit-elle, mais je dois aller emprunter un verre chez ma voisine.

— Non, répond l'homme, je veux juste un peu d'eau pour m'éclaircir la gorge.

La femme lui présente donc la jarre. Il verse un peu d'eau dans une timbale, se rince la bouche et crache.

— Madame, dit-il, je ne suis pas venu chez vous parce que j'avais besoin d'eau, mais parce que j'ai vu comme vous êtes pauvre et je viens vous proposer un marché. Je voudrais manger le gésier du petit oiseau qui est dans la cour. Si vous le tuez et le cuisez pour moi, dès que je l'aurai mangé, je vous épouserai.

Il sort de sa poche un billet de cinquante dollars :

— Achetez tout ce qu'il vous faudra et demain nous nous marions.

Oh ! La femme est presque folle. Elle se met à courir de-ci de-là pour dire à tout le voisinage qu'elle va se marier avec un Blanc ! Elle s'empresse d'aller acheter du poulet, des haricots rouges, du riz et des bananes. Elle invite toutes ses connaissances.

Très tôt, le lendemain matin, elle achète un fait-tout à trois pieds, elle le pose sur le feu dans la cour, elle tue l'oiseau et l'y met à cuire. À l'intérieur de la maison, elle s'affaire et prépare la vaisselle pour les invités.

Allez savoir pourquoi, le fils décide de rentrer juste à ce moment. Dans la rue, il entend les gens parler du mariage de sa mère avec un homme riche. "Qu'est-ce que ça peut bien changer ? songe-t-il. Si tu n'es pas né pour être riche, tu ne le seras jamais !"

Il arrive devant la maison et voit des voisins rassemblés devant la porte. Dans la cour, un fait-tout à trois pieds est posé sur les braises. Il regarde et voit la viande qui cuit. Il en prend un petit morceau, l'avale et repart chasser.

Il ne sait pas qu'il vient de manger le gésier de l'oiseau.

À la maison, des invités sont installés autour de la table, d'autres sont encore debout. L'homme blanc arrive et s'assied devant son assiette, soigneusement garnie pour lui. Il examine la viande, il la tripote par-ci, il la retourne par-là mais il ne trouve pas le gésier. Le gésier de l'oiseau a disparu. Il se lève et déclare :

— Madame ! Il n'y aura pas de mariage !

Madame s'évanouit aussitôt. Heureusement il y a du vinaigre aux quatre fleurs dans la maison.

Quelqu'un réussit à la réveiller en lui en versant quelques gouttes dans l'oreille.

— Madame, dit le Blanc, le gésier de cet oiseau est le seul morceau qui m'intéresse et cet oiseau n'a pas de gésier. Je ne suis donc pas obligé de vous épouser.

Il s'en va vers sa voiture. Madame se précipite dehors pour le retenir, quand elle voit arriver son fils.

— Fils, crie la femme, as-tu pris quelque chose dans le fait-tout à trois pieds ?

— Oui, mère, juste un petit morceau.

Je ne peux pas vous répéter ici les mots que la mère dit à son fils. Je peux vous dire en revanche qu'elle rentre chez elle, qu'elle rassemble toutes les affaires du jeune homme et qu'elle les jette violemment dans la rue.

— Ne remets plus jamais les pieds ici !

Le jeune homme ramasse ses affaires et part en direction des mornes. Il chasse toute la journée. Le soir venu, il se rend compte qu'il n'a pas d'allumettes pour faire du feu.

Il aperçoit au loin une lumière, il se dirige vers elle et arrive devant une maison. Il entre dans la cour et frappe à la porte. Une vieille femme, une vraie sorcière, ouvre.

— Vieille femme, dit le jeune homme, j'ai chassé tout l'après-midi mais je n'ai pas d'allumettes pour cuire ma viande. J'ai vu ton feu et je viens te demander si je peux faire cuire mon dîner chez toi.

— Enfant, dit la femme à basse voix, tu es encore un petit garçon. Cette maison est la tienne mais ta viande, tu peux la jeter. Quand une vieille femme cuit son dîner, elle prépare tout : la viande, le riz, les haricots rouges et les bananes. Le dîner sera bientôt prêt et tu en auras ta part.

Quand le repas est servi, il mange, il mange, il mange et son ventre enfle, enfle, enfle, si bien qu'il ne peut plus rien avaler.

— Petit garçon, dit la vieille, tu resteras auprès de moi jusqu'à ta mort.

C'est une manière de lui dire qu'elle va bientôt le dévorer.

Le lendemain matin, quand le jeune homme se réveille, il est recouvert d'argent. Tout le sol est tapissé d'argent. Quand la vieille sorcière voit tout cet argent, elle le ramasse et le cache dans une malle qu'elle ferme à double tour.

Elle appelle son fils et lui montre toute la richesse amassée, il dit :

— Mère, nous ne pouvons pas manger ce garçon. Nous devons le respecter.

Il va trouver le jeune homme :

— Nous serons frères, je suis l'aîné, tu es le cadet.

Le jeune homme vit longtemps chez la sorcière et son fils. Toutes les nuits, sa chambre se remplit d'argent et il n'y a bientôt plus de récipients vides dans la maison. Ils lui achètent toutes sortes de vêtements, il a plus de cent paires de chaussures. Ils le nourrissent si bien qu'il en devient gros. Ils vont jusqu'à lui offrir une paire de lunettes de soleil, juste pour faire joli. Il a tout, mais il ne peut jamais quitter la cour, car la sorcière l'a mis en garde contre des diables qui pourraient le dévorer.

Le temps passe et le jeune homme grandit, aussi commence-t-il à rêver des jeunes filles.

Un dimanche, il se lave et met son plus bel habit. Il se regarde dans la glace, se trouve beau et se dit : "Jeune homme, il est temps que tu te maries !"

Il va faire un tour dans la cour. Il fait mine de flâner mais ne perd pas de vue les moindres gestes de la sorcière. Un oiseau chante, au moment où elle détourne la tête pour le regarder, le jeune homme se précipite dehors. Il est dans la rue, il court. Quand il est loin, il s'arrête pour reprendre son souffle puis il repart d'un pas nonchalant.

Il n'est pas vêtu de manière ordinaire et il le sait. Il flâne longtemps et passe devant la maison du roi.

La fille du roi a l'habitude de rester des heures sur son balcon à regarder les hommes aller et venir. Elle ne répond jamais à celui qui ose lui adresser la parole.

À l'instant où elle voit le jeune homme si bien habillé, elle se dit : "Celui-ci est à moi !" Elle va trouver son père :

— Tu dois envoyer tes gardes arrêter le jeune homme très chic qui passe dans la rue. Je veux l'épouser. Ce sera lui et aucun autre, et si je ne l'épouse pas à cause de toi je ferai un malheur !

Le roi envoie immédiatement deux gardes lui amener l'individu.

— Monsieur ! appellent-ils.

Il ne se retourne pas. Il cherche une femme et ce sont des voix d'hommes qu'il entend.

— Monsieur ! Monsieur ! crient-ils en se saisissant de lui.

Le jeune homme les regarde par-dessus ses lunettes d'un air hautain :

— Vous avez un problème ?

— Le roi veut vous parler.

Il ose répondre :

— Quel roi ?

— Le roi de ce pays. Il a quelque chose à vous dire.

Il les suit jusqu'à la maison du roi.

— Salut roi, dit-il en agitant la main ! Que puis-je faire pour toi ?

— Ma fille t'a vu passer dans la rue, elle est amoureuse de toi. Elle dit que si tu ne l'épouses pas, elle en mourra et que ce sera de ma faute à moi. Je t'en prie, épouse-la.

— Cher roi, je serais heureux de me marier, mais pour le moment je n'en ai pas les moyens.

— Ne t'inquiète donc pas pour cela. Je suis très riche.

— Bien. Si c'est comme cela, je me marierai dès ce soir.

Vous pouvez imaginer le nombre de coups de téléphone que le roi a dû donner en une journée, mais tout le monde a répondu présent à la noce ce soir-là.

Le lendemain matin, quand la princesse se réveille, elle voit sa chambre recouverte d'argent. Elle court chez son père en criant :

— Papa ! Papa ! J'ai épousé un homme plus riche que toi.

— Fadaises, mon enfant, je suis l'homme le plus riche du pays et si quelqu'un devait être plus riche, il serait le roi de tout Haïti.

La princesse insiste pour que le roi vienne dans sa chambre voir par lui-même. Le roi la suit et les bras lui en tombent. Le sol est recouvert d'argent.

Le temps passe, l'argent s'amoncelle et il y en a de plus en plus chaque nuit.

C'en est trop pour la princesse.

Un jour, elle prend trois sacs remplis d'argent, les met à l'arrière de sa voiture et va à la campagne consulter un *houngan* pour qu'il lui lise l'avenir.

— Oui, je vois, dit le *houngan*, tu viens à cause de ton mari, il reçoit de l'argent par un moyen magique.

— Oui, mais comment ?

— Il a un jour avalé le gésier d'un petit oiseau, c'est ce qui le rend si riche. Même après sa mort, le gésier restera dans son corps et il continuera d'avoir de l'argent sous terre.

— *Houngan*, dit la princesse, tu crois que je peux lui voler le gésier ?

— Tu dois te baigner avec ton mari dans la source sacrée à quatre heures du matin. Tu vas acheter une bouteille de vomitif et une bouteille de rhum…

Le soir même, la princesse invite son mari à l'accompagner à la source sacrée. Ils se baignent et, quand il sort de l'eau, il claque des dents, il tremble de froid. Elle lui tend le vomitif :

— Voici un remède qui te réchauffera le corps, dit la princesse, bois-le vite.

Il boit et se sent mal soudain. Il vomit une fois, puis deux… La troisième fois, il rejette le gésier. La princesse s'en saisit et l'avale aussitôt. Ils boivent du rhum et, quand il se sent plus vaillant, ils rentrent chez eux.

Le lendemain, au réveil, la princesse est recouverte d'argent. Elle chasse le jeune homme hors de la maison. Le voici de nouveau aussi seul et aussi pauvre qu'au début de l'histoire.

Il marche dans les rues. Parfois quelqu'un l'invite à boire ou à manger. Comme il n'a qu'un seul vêtement, celui qu'il porte sur lui, il a bientôt des trous partout et l'allure d'un pauvre mendiant. À force de misère, une maladie attaque ses yeux et le rend aveugle.

Maintenant, il marche à l'aide d'une canne, les yeux fermés, la main tendue, et demande l'aumône : "La charité pour un pauvre aveugle".

Un jour, il gravit une petite colline. Il est épuisé, il se pose à l'ombre d'un arbre et s'endort immédiatement. Soudain, quelque chose lui tombe sur la tête. "J'ai dû m'endormir sous un manguier", songe-t-il.

Il explore le sol du bout de sa canne, pour trouver la mangue. La canne heurte quelque chose qui ressemble à un fruit. Il se baisse, le ramasse et le mange. Mais ce n'est pas une mangue. C'est une pomme.

Au fur et à mesure qu'il mange, ses yeux distinguent progressivement la lumière, les ombres, le paysage.

— Bon Dieu ! Je vois le monde ! J'ai recouvré la vue ! Je vais devenir un *houngan* et je ne demanderai plus jamais la charité.

Ses yeux ne sont plus malades. Il ramasse les pommes tombées de l'arbre et en presse le jus dans sa calebasse. Il remarque alors un autre pommier avec des fruits plus beaux. Il va vers le deuxième arbre, cueille une pomme et la mange. Au début, il apprécie son goût savoureux, mais petit à petit, il se sent étrange, ses yeux lui font mal et il redevient aveugle. Il prend alors un peu de jus de sa calebasse et se frotte les yeux avec. Il recouvre la vue ! Il secoue l'arbre qui rend aveugle et ramasse une grande quantité de ses pommes. Il part sur la route avec ses pommes et attend. Il voit une jeune fille qui revient du marché. Il l'appelle :

— Jeune fille !

Elle l'ignore.

— Jeune fille ! Regarde-moi, je n'ai pas une tête à ennuyer les filles. Je veux juste te demander une faveur et cela peut t'aider aussi.

Elle s'approche et l'écoute :

— Je voudrais que tu ailles vendre ces pommes pour moi. Tu peux les vendre pour cinq dollars ou pour le prix que tu veux. Garde l'argent, je n'en veux pas mais je veux que tu les vendes à la maison du roi et nulle part ailleurs. Si en chemin quelqu'un te demande de les lui vendre, tu refuses. Ces pommes sont pour le roi.

La jeune fille accepte. Sur le chemin, les gens lui demandent le prix des pommes mais elle ne répond pas. Quand elle arrive chez le roi, elle crie :

— Des pommes ! Des pommes importées de l'étranger ! Des pommes !

La princesse lui en demande le prix, elle répond :

— Je les vends pour dix dollars, elles viennent de l'étranger.

La fille du roi lui paye dix dollars, prend les pommes et appelle sa famille. Tout le monde en mange : le roi, la reine, la princesse, les enfants, les dindes mangent les pépins et tous perdent aussitôt la vue. Heureusement, les gardes n'en ont pas mangé, aussi aident-ils la famille royale dans ses déplacements. Certains sillonnent le pays à la recherche d'un *houngan* qui puisse les guérir, mais ils reviennent bredouilles.

Quelque temps plus tard, le jeune homme se présente à la maison du roi comme *houngan.* Il frotte les yeux du roi avec le jus qu'il a recueilli dans sa calebasse et le roi retrouve la vue. Puis il frotte les yeux de la reine et des enfants avec le jus, et ils voient clair. Il dit au roi :

— Il y a quelque chose qui m'empêche de guérir la princesse. Elle a besoin d'un bain à la source sacrée, je l'y emmènerai moi-même.

La princesse l'accompagne à la source sacrée et y plonge. Quand elle sort de la source à quatre heures du matin, il lui donne le vomitif à boire. Elle rejette le gésier. Le jeune homme l'attrape et l'avale aussitôt. Il lui frotte les yeux avec le jus et lui dit :

— Tu peux partir maintenant !

Le roi est heureux de voir toute sa famille guérie. Il lui propose plusieurs milliers de dollars pour les avoir soignés.

— Je n'ai pas besoin d'argent, car je suis plus riche que toi !, répond le jeune homme.

Est-il resté avec la famille royale ou est-il reparti ? Nul n'en a jamais rien su.

Une chose est certaine : il a eu beaucoup d'argent toute sa vie.

Le *houngan* l'avait prédit. Il avait bien dit : “Il aura de l'argent toute sa vie.” Et il en a eu !

LA JEUNE FILLE RENARDE

Il y avait autrefois un homme très fortuné qui possédait d'énormes troupeaux. Il avait un fils unique et souhaitait, plus que tout au monde, la naissance d'une fille. Aussi, il passait le plus clair de son temps à prier dans les temples et à consulter les devins afin de réaliser son vœu.

Un jour enfin, une belle petite fille vient au monde. Le père est fou de bonheur. Sa petite est la prunelle de ses yeux. Il est heureux, il est gâteux, il la regarde grandir et guette ses moindres désirs.

Quand elle a quinze ans, la jeune fille part un jour, seule dans les collines, pour cueillir des champignons. Elle en cueille tant et tant qu'elle ne voit pas les ombres s'allonger, elle ne voit pas le soleil baisser et se laisse surprendre par la nuit.

À la maison, les parents sont morts d'inquiétude. Ils partent à sa recherche, ils appellent, ils fouillent les moindres recoins, quand soudain, du sommet d'une colline, ils aperçoivent leur fille tout au fond de la vallée. Le père rit de joie. Il court vers elle et la serre dans ses bras :

— Où donc étais-tu passée, ma fille tant aimée ? Nous étions si inquiets, une bête sauvage aurait pu te dévorer.

— Père, pardonne-moi. J'étais si fatiguée que je me suis endormie au pied d'un arbre. Quand je me suis réveillée, le soleil était déjà couché.

La famille rentre tranquillement chez elle, les jours s'écoulent paisiblement et l'incident est vite oublié.

Quelque temps plus tard, une vache du troupeau meurt dans la nuit. La nuit suivante, une autre vache meurt à son tour. Tous les matins, le bouvier découvre une nouvelle vache morte dans l'étable. Aucune trace de maladie ou de blessure sur les bêtes.

Le maître veut trouver le coupable. Il appelle son bouvier et lui ordonne de surveiller le troupeau, du coucher du soleil jusqu'au lever du jour :

— Si tu oses fermer ne serait-ce qu'un seul œil, gare à toi !

Cette nuit-là, le bouvier se cache dans l'étable, derrière un tas de foin, et attend patiemment.

À minuit pile, il aperçoit la fille du maître qui se glisse entre les bêtes. Elle s'approche sur la pointe des pieds d'une vache. Il la voit s'enduire les bras et les mains d'huile de sésame. Il tremble quand elle introduit son bras jusque dans les entrailles de la bête. Il ne respire plus quand elle arrache le foie sanguinolent et qu'elle le dévore goulûment. La malheureuse vache s'écroule aussitôt. Morte.

Au petit matin, le bouvier se précipite chez son maître et lui raconte ce qu'il a vu. Celui-ci hurle comme un dément :

— Ma fille, ma propre fille, la prunelle de mes yeux. Comment oses-tu inventer des absurdités pareilles. Tu payeras cher tes mensonges, vaurien !

Le bouvier est renvoyé et il est aussitôt remplacé par un autre, plus jeune. Celui-ci reçoit l'ordre de surveiller les vaches toute la nuit. Il se cache dans l'étable, derrière le foin, et guette. À minuit, il voit la fille du maître arriver, se huiler les mains et les bras, introduire un bras jusque dans les entrailles d'une vache, lui arracher le foie et le dévorer avec délices avant de repartir vers la maison paternelle. Il assiste, impuissant, à la mort de la bête.

Le lendemain, au lever du jour, le jeune bouvier va rendre compte à son maître de ce qu'il a vu durant la nuit. Le maître hurle de rage :

— Comment oses-tu inventer des mensonges pareils sur ma fille bien-aimée ?

Le nouveau bouvier est à son tour mis à la porte.

Un autre homme est embauché pour garder le troupeau. Il surveille les bêtes et voit à son tour la fille de son maître se comporter étrangement dans la nuit. Il est à son tour congédié.

Toutes les nuits une vache meurt. Tous les jours un bouvier est renvoyé. Le troupeau de vaches est décimé.

C'est bientôt au tour des cochons de périr l'un après l'autre dans la nuit, puis à celui des chevaux. Il ne reste de l'immense cheptel qu'un seul cheval vieux et pelé. Plus un seul berger dans le village qui veuille travailler pour le maître.

Une nuit, le maître ordonne à son fils unique de surveiller le vieux cheval dans l'étable. Le jeune homme se cache et guette le moindre bruit. À minuit, il entend des pas. Inquiet, il regarde. Quand il voit sa sœur, il est sur le point de lui sauter au cou mais il remarque son regard froid et brutal, son expression glaciale comme une pierre.

Il est pétrifié et assiste, muet, à la scène. Sa sœur s'enduit les mains et les bras d'huile de sésame, elle introduit une main jusqu'aux entrailles du cheval et en retire le foie sanguinolent qu'elle savoure. Elle se pourlèche les lèvres et les doigts en grognant de plaisir. Le cheval tombe raide mort à terre. Le jeune homme tremble de peur. Quand elle repart vers la maison, il est soulagé.

Avant l'aube, il va chercher son père et lui montre le cheval mort dans l'étable :

— Père, ce que je vais te dire ne te fera pas plaisir. C'est ma sœur, ta propre fille, qui a arraché le foie de ce pauvre cheval pour le manger. C'est pour cela qu'il est mort.

Le père serre les poings, il hurle :

— Tu es jaloux. Tu inventes des sornettes pour lui nuire. Tu t'es assoupi et tu as fait un cauchemar. Va-t'en ! Je ne veux plus te voir dans ma maison !

Le fils n'a pas où aller. Il prend la direction des collines, il marche des jours et des nuits, des semaines et des mois. Il s'abrite où il peut, il mange ce qu'il trouve, et dort ici ou là.

Un jour, il arrive devant un torrent où un vieux moine tente en vain de traverser vers l'autre rive. Le vieil homme lutte contre le courant. Le jeune homme lui vient en aide et lui permet de passer. Le moine le remercie et l'invite pour la nuit, dans un temple non loin de là. Le soir, pendant leur frugal repas, le jeune homme se confie à son vieux compagnon. Il lui raconte l'histoire de sa sœur.

Le moine l'écoute et hoche tristement la tête :

— Je crois savoir ce qu'il s'est passé. Cette nuit-là, quand ta sœur était dans les collines, elle a probablement été dévorée par un renard qui a pris son apparence. C'est ce renard, qui se fait passer pour ta sœur, qui a tué toutes les bêtes.

— Alors je dois rentrer vite chez moi et prévenir mes parents.

— Je crains qu'il ne soit trop tard. Le matin est plus sage que le soir. Tu partiras demain.

Le lendemain matin, le moine donne au jeune homme trois flacons, un rouge, un vert et un bleu :

— Prends mon cheval et surtout n'oublie pas comment tu dois utiliser ces trois flacons.

Le jeune homme fait ses adieux au vieux moine et s'en va. Il chevauche vers sa maison pendant des jours et des nuits.

Quand il arrive, il est horrifié. Le spectacle qui s'offre à ses yeux est terrifiant. La maison et la cour sont recouvertes de mauvaises herbes et de plantes sauvages. Au beau milieu de la cour, sa sœur est assise à même le sol, au soleil. Elle attrape des pucerons et des vers et les gobe en riant.

Quand elle aperçoit son frère, elle l'appelle :

— Où étais-tu passé pendant des mois ? Tu m'as tant manqué !

Elle se précipite vers lui pour l'embrasser, mais il recule pour l'éviter.

— Où sont nos parents ? demande-t-il.

— Ils gisent dans leurs tombes.

Il comprend qu'elle les a mangés et que son tour ne va pas tarder. Il veut lui échapper à tout prix :

— Petite sœur, j'arrive de très loin et j'ai très faim. Pourrais-tu me préparer un bon repas ?

Il veut profiter de son inattention pour s'enfuir, mais la jeune fille renarde est rusée :

— Bien sûr mon cher frère, mais avant, je t'attacherai avec une corde pour que tu ne t'échappes pas.

Elle noue l'extrémité d'une corde autour de la jambe de son frère et attache l'autre extrémité à sa taille, puis elle va préparer le repas dans la cuisine. Elle tire fréquemment sur la corde pour vérifier que le jeune homme est encore là.

Le frère réussit à défaire, tout doucement, le nœud. Il attache la corde à un montant de porte. Il s'éloigne sans bruit, enfourche son cheval et part au galop.

La jeune fille renarde continue de tirer sur la corde et, rassurée, elle finit de préparer le repas. Quand elle revient dans la cour, elle voit que son frère l'a dupée. Elle se met aussitôt à sa poursuite. Elle court avec l'agilité d'un renard. Elle fend l'air et a vite fait de le rattraper.

Le jeune homme se retourne et voit avec horreur que sa sœur est juste derrière lui. Elle tend la main pour attraper la queue de son cheval. Il prend le flacon rouge dans sa poche et le jette derrière lui.

Dès que le flacon atteint le sol, il éclate, laissant échapper une énorme boule de feu qui barre aussitôt la route à la sœur. Elle continue d'avancer mais les flammes lui brûlent les habits, la peau et les cheveux. Elle réussit tout de même à contourner le brasier et à poursuivre sa course folle. Elle est de nouveau derrière son frère, sur le point de saisir la queue de la monture.

Il jette le flacon vert derrière lui. Un immense buisson de ronces surgit du sol et barre la course de la jeune fille renarde. Elle arrache les ronces, elle s'écorche, elle saigne mais elle réussit à se frayer un chemin et reprend sa poursuite.

Elle est sur le point de saisir une nouvelle fois la queue du cheval, le jeune homme jette le flacon bleu derrière lui. Un immense lac répand une eau tumultueuse qui engloutit la jeune fille renarde. Elle se débat, elle tente de garder la tête hors de l'eau, mais elle finit par couler à pic.

Le frère s'arrête, se retourne et voit flotter, au milieu du lac, le corps d'un renard mort.

L'OISEAU DE SOIE D'OR

Il y avait autrefois un vieil homme qui vivait avec sa femme et son fils unique. Ils possédaient pour tout bien une vieille cabane et un pommier qui leur donnait une seule pomme chaque année. Le vieux père attendait impatiemment le fruit car son grand âge l'affaiblissait de jour en jour et la pomme lui redonnait force et vigueur, elle réveillait en lui le peu de jeunesse qui lui restait.

Un jour, la pomme, qui n'est pas encore mûre, disparaît. Le vieil homme la cherche désespérément au pied de l'arbre sans rien trouver. Il est désolé. Pourquoi un voleur s'en serait-il pris au seul fruit de son jardin, sa seule chance de vivre debout encore quelque temps ?

L'année suivante, le vieil homme est très affaibli. Il guette la fleur du pommier. Quand le bourgeon apparaît, le vieil homme le veille nuit et jour. Il observe le fruit en train de se former, la pomme en train de s'arrondir. Une nuit, il s'assoupit un petit instant et, au lever du jour, il voit, affolé, que sa pomme a disparu.

Deux années sans son fruit de jouvence. Il sent sa mort prochaine.

L'année suivante, sa femme veille avec lui au grain. Ils se relayent nuit et jour au pied du pommier, les yeux rivés sur le fruit. Un jour pourtant, au petit matin, la pomme disparaît. Le vieil homme sent son corps s'alourdir davantage.

Une année plus tard, le père n'a plus la force de se lever, c'est le fils qui est chargé de surveiller la pomme. Nuit et jour il garde le fruit précieux.

Un matin, il voit un oiseau aux plumes de soie d'or survoler le pommier puis se poser sur les branches et cueillir la pomme d'un coup de bec. Le jeune homme lui décoche quelques flèches de son arc et réussit à lui arracher une plume qui tombe au pied de l'arbre. L'oiseau disparaît au-delà des nuages, la pomme dans le bec.

Le jeune homme selle son cheval et va trouver ses parents, la plume de soie d'or à la main :

— Père, mère, cette plume appartient à l'oiseau qui a volé la pomme. J'irai jusqu'au bout du monde s'il le faut mais je le retrouverai.

Il enfourche sa monture et part au galop.

Il galope une journée entière et arrive devant une fourche. Deux chemins s'offrent à lui et, entre les deux, se dresse un rocher qui porte une inscription : "À droite tu perds ton cheval, à gauche tu perds la vie." Il s'engage à droite. Il chevauche des jours et des jours. Le cavalier et sa monture ont soif, ils ont faim, ils maigrissent et s'affaiblissent et deviennent bientôt l'ombre d'eux-mêmes, mais ils avancent quand même.

Soudain, sorti de nulle part, un énorme loup gris bondit sur le chemin et leur barre le passage.

Le jeune homme n'hésite pas. Il tue son cheval, le découpe en morceaux et le jette au loup. Celui-ci dévore les bouts de viande et se lèche les babines :

— Quel festin ! Un vrai régal. Tu n'as plus de monture maintenant mais je ne suis pas un ingrat, monte sur mon dos et je t'emmènerai où tu voudras. Ce sera ma façon à moi de te remercier.

— Je cherche l'oiseau aux plumes de soie d'or.

— Monte sur mon dos et ferme les yeux. Nous partons pour le pays de la Cité Immense.

Le jeune homme obéit, il s'agrippe de toutes ses forces au cou du loup et ferme les yeux. Il ne sait pas combien de temps ils ont voyagé, il ne sait pas combien de montagnes ils ont escaladées ou combien de rivières ils ont traversées. Ce qu'il sait c'est que, bien plus tard, le loup lui dit :

— Nous sommes arrivés ! Ouvre les yeux et descends.

Le jeune homme ouvre les yeux. Il est dans une capitale bruyante et surpeuplée avec des dômes en forme de bulbe et des marchés où toutes les marchandises du monde sont étalées.

— Écoute-moi bien, dit le loup. L'oiseau aux plumes de soie d'or est dans cette maison que tu vois là. Entre doucement et surtout ne t'avise pas de l'attraper par les pattes. Il te suffira de le saisir par l'aile et de l'emporter.

Le jeune homme entre tranquillement dans la maison et voit l'oiseau aux plumes de soie d'or sur son perchoir. Il est si ému que les recommandations du loup se dissipent. Il s'approche et saisit brusquement l'oiseau par les pattes. Celui-ci se met à hurler et à battre violemment des ailes. Les gardes, alertés, arrivent, saisissent le jeune homme et le jettent en prison.

Le lendemain matin, au lever du jour, le jeune homme est présenté devant le khan pour être jugé.

— As-tu quelque chose à dire pour ta défense ? demande le khan.

Le jeune homme raconte son histoire ; l'unique pomme qui assure la longévité de son père, l'oiseau de soie d'or qui vient la voler…

— Voici trois ans maintenant que mon père s'affaiblit et je suis venu jusqu'ici pour lui sauver la vie.

Le khan est ému par l'amour que porte le fils à son père :

— Je vais te demander une petite chose pour commencer. Le khan du pays voisin, celui qui règne sur le Pays des Cinq Palais, possède un cheval qui a une crinière et une queue en or. Si tu me l'apportes, tu pourras repartir avec l'oiseau de soie d'or.

Le jeune homme quitte la maison du khan et va retrouver le loup qui l'attend patiemment. Des larmes dans la voix, il lui raconte ce qu'il lui est arrivé.

— Ne t'inquiète donc pas, dit le loup, monte sur mon dos et ferme les yeux.

Le jeune homme s'accroche au cou du loup, ferme les yeux et les voici partis.

Ils traversent des terres et des rivières, des montagnes et des vallées. Après un voyage plus long que le premier, le loup s'arrête :

— Ouvre les yeux et descends.

Le jeune homme ouvre les yeux. Il est au milieu d'une grande plaine et devant lui se dressent cinq magnifiques palais étincelants, entièrement recouverts d'or.

— Entre dans le cinquième palais, dit le loup, tu y trouveras le cheval à la crinière et à la queue en or. Ne t'avise pas de le prendre par les rênes, contente-toi de l'attraper par la crinière et il te suivra docilement.

Le jeune homme se dirige vers le cinquième palais, il entre et trouve le cheval à la crinière et à la queue en or. Il en est tout bouleversé, les recommandations du loup s'emmêlent dans sa mémoire. Il saisit les rênes et tire. Le cheval hennit aussitôt et se met à ruer. Les gardes arrivent, arrêtent le voleur et l'emmènent devant le khan.

Quand celui-ci lui demande la raison de sa présence chez lui, le jeune homme lui raconte toute son histoire ; la pomme, son père, l'oiseau de soie d'or…

— Je te donnerai le cheval à la crinière et à la queue en or si tu m'amènes la fille du khan voisin. Elle est d'une beauté jamais égalée. Quand elle sera chez moi, tu pourras partir avec mon cheval.

Quand le loup voit arriver le jeune homme, il comprend ce qui vient de se passer.

— Je dois aller chercher la fille du khan voisin.

Le voyage est trois fois plus long que le précédent et quand le loup s'arrête et demande au jeune homme de mettre pied à terre, le jour se lève. Ils sont à l'orée d'une forêt sombre et dense.

— Tu restes ici, dit le loup, je dois me cacher.

Le jeune homme reste là, il attend sans bouger. Quand le soleil est haut dans le ciel, il entend des voix s'approcher. Un groupe de jeunes filles avance sur le chemin, elles portent des paniers remplis de baies sauvages. L'une d'elles a le plus beau visage qu'un homme ait pu voir sur terre. Il devine que c'est la princesse dont le khan voisin est amoureux. Elle est entourée de ses quarante dames de compagnie.

Le loup surgit soudain de derrière les arbres et bondit sur la princesse. Il la saisit entre ses crocs et l'emporte vers le jeune homme. En moins de temps qu'il n'en faut pour le dire, les deux jeunes gens sont sur le dos du loup qui détale plus vite qu'une flèche, devant le regard médusé des dames de compagnie.

Le loup traverse des terres immenses, des rivières tumultueuses avec sur son dos le jeune homme agrippé à son cou et la princesse accrochée au jeune homme. Le voyage est long et les jeunes gens ont le temps de tomber amoureux.

Quand le loup s'arrête devant les cinq palais, le jeune homme lui chuchote à l'oreille :

— Je ne pourrai plus jamais quitter la princesse. Peux-tu trouver un moyen pour que nous restions ensemble ?

— Je m'en occupe, dit le loup qui se transforme aussitôt en une jeune femme d'une beauté qui surpasse de loin celle de la princesse.

Cette belle jeune femme se dirige vers le cinquième palais, s'arrête et dit :

— Viens avec moi. Tu me présenteras au khan comme étant la fille de son voisin et, quand il te donnera le cheval à la crinière et à la queue en or, tu rejoindras ta princesse et vous m'attendrez ici, avec le cheval.

Quand le khan les voit arriver, ses yeux manquent d'éclater tellement la jeune fille est belle. Il donne les rênes du cheval à la crinière et à la queue en or au jeune homme et le presse de repartir. Il donne congé à ses gardes et, dès qu'il est seul avec la belle, il lui offre du thé et des douceurs. Il s'assied près d'elle, tout près. En un clin d'œil, la jeune fille laisse la place à un loup sauvage et affamé qui ne fait qu'une bouchée du khan. Celui-ci n'a pas le temps de comprendre ce qu'il lui arrive.

Le loup se faufile dehors par une porte dérobée et va rejoindre les deux amoureux.

— Montez sur mon dos tous les deux. Nous partons pour le Pays de la Cité Immense livrer ce cheval au khan.

Et les voici qui disparaissent dans la poussière et l'obscurité de la nuit. Le voyage est long, le jeune homme, accroché au cou du loup, murmure à son oreille :

— Je ne veux pas me séparer de ce cheval. Tu ne peux pas trouver un moyen pour que je puisse le garder ?

— Je m'en charge.

Quand ils arrivent devant la maison du khan, le loup prend la forme du cheval à la crinière et à la queue en or. À l'identique. Il dit au jeune homme :

— Présente-moi au khan comme étant le cheval qu'il désire. Quand il t'aura donné l'oiseau aux plumes de soie d'or, tu iras rejoindre la princesse. Tu diras au cheval où il doit t'emmener et vous partirez. Je vous rejoindrai dès que possible.

Le jeune homme donne le cheval au khan. Celui-ci n'y voit que du feu et lui donne en échange l'oiseau aux plumes de soie d'or dans une cage.

Le jeune homme rejoint la princesse et, sur le cheval à la crinière et à la queue d'or, ils partent au galop.

Le khan a hâte de montrer son cheval merveilleux à ses hommes. Il organise une grande partie de chasse et plus de cent chasseurs pénètrent dans la forêt. À l'orée d'une clairière, ils attachent leurs chevaux aux arbres et partent en quête de gibier. Dès que les chasseurs ont le dos tourné, le loup reprend sa forme initiale. Il ronge sa longe et, quand il est libéré, il dévore un à un tous les chevaux, ne laissant au pied des arbres que des os.

Quand le khan et ses compagnons reviennent et voient ce qu'il reste de leurs montures, ils poussent des hurlements de terreur. Il ne leur reste plus qu'à rentrer péniblement chez eux.

Pendant ce temps, le loup a rattrapé les jeunes gens sur leur cheval à la crinière et à la queue en or. Il les a accompagnés jusqu'à la fourche :

— Mon monde s'arrête ici, dit le loup. Je ne peux pas aller plus loin avec vous.

Le jeune homme et la princesse sont rentrés avec le cheval merveilleux.

Ils se sont mariés et, depuis, ils mènent une vie de douceur.

Quand au père, il n'a plus jamais manqué de manger sa pomme tous les ans. Voilà pourquoi il a vécu jusqu'à l'âge de cent dix-huit ans.

LE FIGUIER

Il était une fois un homme qui avait perdu sa femme. Il élevait seul ses deux enfants ; Manolito et Marcelita. Ils étaient très pauvres, aussi l'homme travaillait-il dur pour gagner de quoi subsister et il lui fallait absolument trouver une femme qui l'aide à prendre soin des enfants.

Un jour, il rencontre Nicolasa, elle est belle, sans mari et sans enfants. Il lui demande de l'épouser.

Quelques jours plus tard, elle vient s'installer chez eux. Elle a pour tout bagage un dé en or, une bobine de fil d'or et une paire de ciseaux en or.

Quand la petite Marcelita voit ces objets qui brillent comme des astres, ses yeux étincellent. Elle demande à sa nouvelle mère la permission de les prendre, ne serait-ce qu'un instant, dans la paume de sa main. Nicolasa le lui interdit formellement et cache ses trésors dans un coffre en bois.

Il faut dire que la nouvelle épouse est très stricte et si méticuleuse. À peine installée dans la maison, elle fait la loi. C'est elle qui décide à quel endroit chaque chose doit être rangée, jusqu'au plus petit bouton de culotte. Elle ne supporte pas de voir le moindre objet à la mauvaise place. Rien ne dépasse.

Quand elle a fini d'organiser la maison comme elle l'entend, elle plante un figuier dans la cour.

Elle soigne son arbre comme s'il était son propre enfant. Elle lui parle, le caresse, et lave ses feuilles tous les jours.

Un an plus tard, vingt et une figues, pas une de plus, pas une de moins, parent les branches. Nicolasa les compte cinq fois par jour pour vérifier qu'il n'en manque pas une seule.

Chaque fois qu'elle s'absente pour aller à l'église, elle dit à Marcelita : "Surveille bien le figuier pendant mon absence. Tu as intérêt à ce qu'il ne manque pas une seule figue à mon retour." Marcelita obéit.

Un jour, pendant que Nicolasa est à la messe, un petit oiseau bleu aux ailes dorées se pose sur le figuier. Il mange une figue et disparaît dans le ciel. Quand Nicolasa revient, elle compte les fruits ; il en manque un. Elle entre dans une colère folle. Elle ouvre le coffre, prend son dé en or, sa bobine de fil d'or et ses ciseaux en or, elle creuse dans le jardin un trou profond et jette ses trois objets, tout au fond. Elle appelle Marcelita : "Regarde ce qu'il y a au fond de ce trou. Va me les chercher. Si tu me les apportes, ils sont à toi."

La petite Marcelita saute et dès qu'elle est au fond du trou, Nicolasa le referme avec une grosse pierre. Un seul cheveu de la fillette dépasse de sous la pierre.

Le lendemain, à l'aube, du trou a poussé un superbe rosier qui porte la plus belle rose rouge qui ait jamais existé. Manolito, le petit frère, joue dans la cour, il voit la rose. Il veut la cueillir mais, dès qu'il la touche, il entend une voix qui chante :

Petit frère mon petit frère,
Ne me tire pas les cheveux,
Nicolasa m'a enterrée vivante
Pour une figue manquante

Manolito prend peur, il court appeler son père :

— Papa ! Papa ! Il y a un rosier qui chante. On dirait la voix de Marcelita !

Le père intrigué suit son fils jusqu'au rosier. Quand il essaye de cueillir la rose rouge, il entend chanter :

Petit père mon petit père,
Ne me tire pas les cheveux,
Nicolasa m'a enterrée vivante
Pour une figue manquante

Il se précipite dans la maison et appelle sa femme :

— Viens tout de suite dans la cour !

Quand elle y est, il lui dit :

— Cueille cette rose rouge !

Dès que Nicolasa effleure la rose, le chant s'élève :

Nicolasa ma marâtre
Ne me tire pas les cheveux,

Nicolasa m'a enterrée vivante
Pour une figue manquante

Nicolasa est terrifiée. Elle regrette son geste. Le remords la submerge.

— Soulève cette pierre ! dit-elle à son mari.

Le père retire la pierre et libère sa fille.

Nicolasa demande pardon à Marcelita, celle-ci lui pardonne aussitôt. La belle-mère cueille toutes les figues, les met dans un panier et les donne à Marcelita. La petite partage les fruits avec son père, son frère et sa belle-mère.

Ils mangent les figues tous ensemble et deviennent ainsi une vraie famille.

Et le dé en or, la bobine de fil d'or et les ciseaux en or ? Marcelita les a gardés dans la poche de son tablier, et sa belle-mère ne les lui a plus jamais réclamés.

Un jour Marcelita les remet dans le coffre. Nicolasa les trouve et les remet dans la poche du tablier de sa fille. Pendant vingt jours, la fillette les dépose dans le coffre et sa belle-mère les remet dans la poche de son tablier.

Le vingt et unième jour, Marcelita met la main dans sa poche, elle ne les trouve pas. Elle est déçue mais ses doigts effleurent quelque chose de doux et de chaud ; on dirait des plumes. Elle regarde, c'est un petit oiseau bleu avec des ailes dorées. Elle le prend dans la main, le retire de sa poche et quand elle ouvre la main, le petit oiseau s'envole par-dessus les toits.

MIRZHANE
ET LE ROI DU FOND DES EAUX

Il y avait autrefois une pauvre veuve qui avait une fille d'une grande beauté nommée Mirzhane.

Un jour, Mirzhane va se baigner à la rivière avec un groupe de jeunes filles. Elles ôtent leurs vêtements et plongent dans l'eau fraîche en riant. L'une d'elles regarde Mirzhane et dit en se moquant :

— Tu es si belle, Mirzhane ! Si le khan te voyait, il te dirait "Mirzhane, ma merveille, je te donnerai tous mes trésors si seulement tu acceptais d'être mienne !"

Mirzhane sent ses joues se teinter de rouge. Gênée, elle baisse les yeux et répond :

— Pourquoi me taquinez-vous ainsi ? Comment le khan pourrait-il me voir ? Je suis la fille la plus pauvre du campement.

À peine a-t-elle fini de parler que des vagues ondulent à la surface de l'eau et, venue des profondeurs de la rivière, une voix puissante résonne :

— Mirzhane, ma merveille, je te donnerais tous mes trésors si seulement tu acceptais d'être mienne !

Terrifiées, les jeunes filles regagnent la berge en se bousculant, elles saisissent leurs vêtements et partent en courant. Elles en oublient Mirzhane qui, pétrifiée, ne bouge pas. Elle observe, fascinée, un immense serpent qui sort de l'eau. Il se glisse sur la rive et se love sur sa robe en formant sept anneaux. Le serpent dresse la tête et regarde la jeune fille dans les yeux :

— Mirzhane, ma merveille, je suis le roi du fond des eaux. Je t'aime plus que ma propre vie. Si tu acceptes d'être ma femme, je t'offrirai mon palais de cristal. Si tu promets de m'épouser, je te rendrai ta robe et, si tu refuses, je l'emporterai dans mon royaume au fond de la rivière et que feras-tu alors ?

Mirzhane est paralysée de peur, elle promet au serpent de l'épouser. Celui-ci disparaît aussitôt dans les profondeurs de la rivière. Il laisse derrière lui des cercles concentriques, de plus en plus larges à la surface de l'eau. Les vagues claquent sur la rive.

La jeune fille tremble de tout son corps. Elle réussit tant bien que mal à enfiler sa robe et à regagner sa hutte. Elle se jette aux pieds de sa mère, éclate en sanglots et lui raconte ce qui vient de lui arriver.

— Qu'est-ce que je vais devenir ? J'ai promis de l'épouser, comment revenir sur ma parole ?

Sa mère la serre dans ses bras et tente de la consoler :

— Cet horrible serpent t'a terrifiée, tu ne sais plus ce que tu dis. Arrête de trembler. Une jeune fille qui épouse un serpent ! On n'a jamais vu ça ! Ces choses n'existent que dans les histoires. Reste à la maison et n'en sors plus !

Les jours se succèdent et se ressemblent. Mirzhane ne met pas le pied hors de la maison, sa mère le lui interdit. Ses craintes finissent par s'apaiser.

Un jour, la mère entend un bruit étrange dehors. Elle regarde par la porte et se met à hurler :

— La fin du monde est à notre porte ! Si mes yeux ne me trahissent pas, un serpent noir rampe en direction de notre maison ! Pauvre de toi ma fille !

Mirzhane est livide, elle tremble de la tête aux pieds :

— C'est moi qu'il vient chercher !

Elles claquent la porte et empilent devant le battant tout ce qu'elles possèdent afin d'en empêcher l'ouverture, puis elles vont se cacher dans un coffre. Elles osent à peine respirer.

Le serpent est de plus en plus proche. Son corps sinueux glisse sur le chemin et fait résonner l'écho dans la steppe. Arrivé devant la porte, il tente de l'ouvrir mais elle résiste. Il se love en formant sept anneaux, se dresse et bondit brusquement. D'un coup de tête il fracasse la porte puis se dirige vers le coffre qu'il brise d'un coup de queue violent. Mirzhane est morte de peur, elle s'évanouit. Le serpent saisit son corps inerte dans sa gueule énorme et l'emporte vers la rivière.

La veuve hurle de douleur et tente de les suivre pour retenir sa fille mais peine perdue. Elle voit, impuissante, l'énorme serpent disparaître dans les profondeurs de la rivière emportant avec lui Mirzhane, la prunelle de ses yeux.

La pauvre femme, accablée de chagrin, rentre dans sa vieille hutte et pleure la disparition de sa fille.

Lune après lune, les années passent.

La veuve est très vieille maintenant. Elle a le dos voûté et ses cheveux sont entièrement blancs. Elle passe ses jours devant sa porte, le regard vers la rivière, à l'endroit où elle a vu sa fille pour la dernière fois. Elle sait que Mirzhane est morte et pourtant elle l'attend.

Un jour, assise comme à son habitude sur le seuil de sa porte, la vieille femme aperçoit une silhouette. Une belle femme, vêtue comme une reine, avance vers elle. Elle tient par la main un petit garçon et une petite fille.

La vieille se met à trembler, croyant à un mirage. Elle dit pourtant :

— Je deviens folle. Ma Mirzhane, c'est bien toi ?

— C'est moi.

Elles tombent dans les bras l'une de l'autre, échangent des baisers. La vieille n'en croit pas ses yeux.

Quand ils s'installent dans la hutte, la mère demande :

— Je pensais ne plus jamais te revoir… D'où viens-tu ?

— Je vis dans le royaume du fond des eaux, mon mari en est le seigneur. Je suis la plus heureuse des femmes mais je me languissais de toi, mère, je voulais te présenter nos enfants. Nous passerons la journée avec toi et nous repartirons ce soir.

— Comment ? Es-tu en train de me dire que tu vas retourner chez ce maudit serpent ? Tu vas abandonner une fois de plus ta mère éplorée ?

La vieille veuve se promet de ne jamais les laisser repartir.

Mirzhane la laisse parler et lui répond d'une voix apaisante :

— Mère. Mon mari nous attend au bord de la rivière à la tombée de la nuit. Je l'aime et il est le père de mes enfants. C'est l'homme le plus aimant qui soit. C'est seulement quand il est sur la terre qu'il prend l'aspect d'un abominable serpent. Dans son royaume, c'est un guerrier d'une grande beauté, comme il n'en existe nulle part au monde.

La vieille hoche la tête, elle cherche un moyen pour la garder à ses côtés.

— C'est ton destin, ma fille. Tu feras comme tu l'entends mais comment retrouveras-tu le chemin qui mène jusqu'au royaume du fond des eaux ?

— Après le coucher du soleil, j'irai sur la rive et j'appellerai mon mari : "Ahmed ! Ahmed ! C'est moi, ta femme, avec tes deux enfants. Viens, mon bien-aimé, jaillis des profondeurs." Et là, il viendra nous chercher tous les trois.

La vieille mère éclate en sanglots :

— Si tu ne veux pas rester vivre ici, tu peux au moins passer une nuit dans la maison de ton enfance.

Mirzhane refuse. Sa mère insiste et pleure. Mirzhane hésite, elle a pitié de sa vieille mère. Celle-ci pleure encore et Mirzhane finit par accepter de passer la nuit avec elle.

La veuve est ravie, elle se sent rajeunie, elle rit.

À la tombée de la nuit, Mirzhane et ses enfants, épuisés par leur longue journée, s'endorment. La vieille femme n'attendait que ça. Elle sort doucement de son lit, se faufile sur la pointe des pieds dehors, prend sa hache et va à la rivière. Elle s'accroupit au bord de l'eau et appelle de sa voix la plus douce : "Ahmed ! Ahmed ! C'est moi, ta femme, avec tes deux enfants. Viens, mon bien-aimé, jaillis des profondeurs."

En un clin d'œil, l'eau s'agite et le serpent est là. Il scrute l'obscurité et dit d'une voix tendre :

— Te voici enfin, ma Mirzhane. Je t'attendais et me languissais de toi et de nos enfants.

La vieille ne perd pas un seul instant. D'un coup de hache, elle coupe la tête du serpent. L'eau de la rivière se teinte de rouge.

La veuve rentre chez elle et se recouche comme si de rien n'était.

Au petit matin, Mirzhane se lève et réveille ses enfants. Elle fait ses adieux à sa vieille mère et lui promet de revenir la voir un an plus tard. Elle prend ses enfants par la main et se dirige vers la rivière. Tout en marchant, elle appelle son mari : "Ahmed ! Ahmed ! C'est moi, ta femme, avec tes deux enfants. Viens, mon bien-aimé, jaillis des profondeurs."

Seul le silence lui répond. Elle ne sait pas pourquoi son cœur se serre, elle a du mal à respirer. Elle est au bord de l'eau quand elle aperçoit la tête ensanglantée du serpent dans l'herbe et la rivière teintée de sang. Mirzhane comprend. Elle pleure toutes les larmes de son corps et couvre ses enfants de baisers :

— Mes adorés, j'ai été imprudente. À cause de moi, vous n'avez plus de père. Mes orphelins, prenons le deuil. Toi, ma fille, tu seras une hirondelle et tu voleras au ras de l'eau jusqu'à la fin de tes jours. Toi, mon fils, tu seras un rossignol et tu chanteras dès l'aube pour le restant de tes jours. Moi, je serai un coucou et j'errerai d'un lieu à l'autre en me languissant de mon époux et en pleurant "cououcouou !"

À peine a-t-elle prononcé ces paroles que tous les trois se transforment en oiseaux, battent des ailes et prennent leur envol.

Cela s'est passé ainsi.

LA JEUNE FILLE SOLDAT

En ce temps-là, dans un royaume là-bas, l'armée recrutait. Les soldats passaient de maison en maison pour enrôler les jeunes gens et les emmener faire la guerre.

Une famille avait deux filles et un fils unique.

Un jour, le jeune homme doit rejoindre la caserne la plus proche.

L'aînée des filles n'apprécie pas :

— C'est injuste. Pourquoi devons-nous laisser notre unique frère devenir soldat ?

— Que pouvons-nous y faire ? répond la cadette, il est le seul fils de la maison.

L'aînée réfléchit et dit :

— On peut toujours faire. J'ai la solution, l'une de nous deux ira à sa place.

— Hors de question !

— Alors c'est moi qui irai, dit l'aînée. Je mettrai ses habits et me couperai les cheveux.

C'est ainsi que, vêtue comme un garçon avec les cheveux coupés court, elle se présente devant les officiers. Ceux-ci n'y voient que du feu et l'intègrent aussitôt dans l'armée. Son visage est si avenant, si beau, qu'elle a le poste de garde du corps personnel du roi. Elle passe ses journées à veiller sur les déplacements du souverain, elle l'accompagne, ne le quitte pas d'un pas.

La fille du roi voit tous les jours le soldat au visage si doux aux côtés de son père, elle aime à le regarder, elle le trouve si beau.

Un jour, la princesse va trouver le roi son père :

— Pourrais-tu élever le grade de ton garde du corps dans l'armée ? Cela me ferait plaisir. Il est si beau et si dévoué !

— Il est encore jeune, répond le roi. Il n'est pas à mon service depuis longtemps.

Quelques semaines plus tard, la jeune fille soldat est nommée officier.

L'officier assure au quotidien la garde rapprochée du roi. Quand la princesse le voit vêtu de son nouvel uniforme, elle le trouve encore plus séduisant. Elle s'éprend follement de lui :

— Père, pourquoi ne l'élèves-tu pas au rang de lieutenant-colonel ? Il est si beau, si gracieux et si dévoué. Il n'a jamais commis le moindre impair…

Ainsi l'officier devient-il lieutenant-colonel.

Quelque temps plus tard :

— Père, tu pourrais le nommer général en chef des armées. Il t'est si fidèle.

— Ma fille, dit le roi en souriant, j'ai la vague impression que tu aimerais épouser ce jeune homme.

— C'est mon vœu le plus cher, répond-elle en rougissant.

Le roi veut faire plaisir à sa fille. Il organise un banquet somptueux et y convie tous les nobles du royaume. Quand ils sont tous là, il lève son verre :

— À la santé de mon général en chef, garde du corps et futur gendre !

— Sauf votre respect, majesté, je ne peux pas accepter un tel honneur, je ne suis qu'un fils de paysan, répond la jeune fille soldat.

— Ma fille te veut pour époux et il en sera ainsi.

Les fiançailles sont célébrées le soir même et les noces quelques jours plus tard.

Le nouveau marié s'arrange pour organiser de longs voyages. Il est souvent absent et évite de passer une seule nuit auprès de la princesse. Mais un soir, il est chez lui. Il doit passer la nuit auprès de son épouse. La princesse s'étonne de sa distance à son égard :

— Quand allons-nous enfin nous livrer à des jeux nocturnes joyeux et doux ?

— Pas tout de suite, car nous sommes en tous points semblables.

La princesse ne comprend pas. Elle est de plus en plus triste. Le roi s'en étonne :

— N'es-tu pas heureuse ? Tu as épousé l'homme que tu as choisi.

— Il me plaît, je l'aime tant… mais il me ressemble trop. Tout compte fait, il ne me convient pas.

— C'est triste, vous venez à peine de vous marier mais, si cela peut te soulager, je vais l'envoyer très loin d'ici, dans un royaume dont le souverain me doit des millions. Ton mari ira réclamer mon dû.

L'ordre est donné. Le général en chef est impatient de partir. La route est longue, il galope des jours et des nuits. La route est si longue et si ardue qu'il se voit contraint d'abandonner son cheval pour continuer à pied le long de la mer. Il marche depuis de longues heures quand, soudain, il aperçoit un homme avec un fusil pointé vers la mer.

— Qu'est-ce que tu vises ? demande le soldat.

— À dix lieues d'ici, il y a un phoque. Je veux le tuer.

— Si tu le tues, tu ne pourras pas aller le chercher, il va couler. Viens avec moi, je te donnerai une belle somme d'argent. Je vais chercher une fortune dans un royaume lointain.

Le chasseur accepte. Il met le fusil sur son épaule et suit le jeune homme.

Ils marchent tous deux, ils marchent d'un bon pas, ils marchent une journée et une nuit entières quand ils croisent un homme couvert de chaînes en fer. Chaque fois qu'il les secoue, les chaînes tintent et les arbres de la forêt tombent l'un après l'autre dans un fracas assourdissant.

La jeune fille soldat le regarde faire et sourit :

— Laisse la forêt tranquille. Prends tes chaînes et suis-moi. Je te donnerai une belle somme d'argent. Je vais chercher une fortune dans un royaume lointain.

L'homme soulève ses chaînes, les met sur son épaule et rejoint les deux autres.

Ils marchent tous trois, ils marchent d'un bon pas, ils marchent une journée et une nuit entières quand ils arrivent devant une immense prairie. Ils la traversent et, quand ils sont au beau milieu, ils voient arriver de l'est, et allant vers l'ouest, un homme qui n'a qu'une jambe de bois. Il tient à la main une lettre. L'homme à la jambe de bois les dépasse plus vite qu'un éclair et, une demi-heure plus tard, il est de retour. L'homme aux chaînes lui entrave sa jambe de bois et l'immobilise net. La jeune fille soldat lui demande :

— Où es-tu allé à une telle vitesse ?

— J'ai porté la lettre d'un noble très haut placé à un autre noble.

— Laisse-les porter leurs propres lettres et viens avec nous. Je te donnerai une belle somme d'argent. Je vais chercher une fortune immense dans un royaume lointain.

Jambe de Bois les suit. Ils marchent tous quatre, ils marchent d'un bon pas, ils marchent une journée et une nuit entières. Ils arrivent dans une ville au bord de la mer. Sur la plage il y a trois moulins et, tout à côté, un homme. Il se bouche une narine en appuyant avec son pouce et, de l'autre narine, il souffle très fort, les moulins se mettent à tourner si vite qu'ils sont sur le point de décoller.

La jeune fille soldat l'appelle :

— Viens avec nous. Nous allons chez ton roi, il habite cette ville. Je vais chercher une belle somme d'argent chez lui, je t'en donnerai une part.

L'homme les rejoint. Ils se dirigent ensemble vers le château du roi. La jeune fille général poste ses hommes dehors, sous les fenêtres royales, et va trouver le souverain.

— Qui es-tu et que fais-tu dans la vie ? demande celui-ci.

— Je suis le gendre du roi de mon pays et je viens chercher l'argent que tu lui dois.

— Tu ne vaux pas plus qu'un homme mort ! hurle le roi.

Il se lève et aperçoit, stupéfait, les quatre gaillards debout dans la cour. Il se rassied immédiatement :

— Jeune homme, les clés de mon royaume se trouvent à quatre-vingts lieues d'ici. Si tu peux me les apporter en moins de trois heures, je te donnerai l'argent que tu es venu chercher.

La jeune fille général ouvre la fenêtre et crie en direction de ses compagnons :

— Lequel parmi vous est capable d'apporter les clés du royaume à quatre-vingts lieues d'ici, en moins de trois heures ?

— Moi je peux faire un aller-retour en deux heures, répond Jambe de Bois.

Le roi lui remet une lettre et Jambe de Bois, d'un bond, parvient au milieu de la prairie, puis il disparaît d'un autre bond.

Ses compagnons l'attendent. Deux heures plus tard, ils ne voient rien venir. Ils montent sur une colline, juste à côté des trois moulins, pour scruter l'horizon. Le chasseur de phoques regarde au loin et crie :

— Je le vois ! Il dort sur une meule au milieu de la prairie. Il tient un trousseau de clés à la main.

— Prends ton fusil et tire sur la meule, lui ordonne la jeune fille soldat.

Le chasseur tire, la meule vole en éclats et réveille Jambe de Bois. Affolé, celui-ci bondit sur sa jambe et arrive aussitôt au château avec le trousseau de clés. Il les pose devant le roi, avec une demi-heure d'avance.

La jeune fille général rassemble l'or et l'argent qui est dû à son roi, et va même jusqu'à prendre toutes les cuillers en argent du château. Elle repart avec ses compagnons à bord d'un navire de guerre, pour rentrer au plus vite.

Quand les cinq compagnons larguent les amarres, l'homme aux chaînes, qui est aussi devin, prévient :

— Le roi va rassembler ses troupes et ses navires de guerre pour nous attaquer. Il veut récupérer son argent. Je peux me battre vaillamment avec mes chaînes, mais qui peut tenir tête à une armée aussi puissante que la sienne ?

— Moi, dit le chasseur de phoques, je peux viser très très loin sans rater ma cible, mais qui peut abattre une armée aussi puissante ?

— Moi, dit le souffleur de moulins, je peux souffler et provoquer un vent contraire, mais qui peut souffler une mer entière ?

— Moi, dit Jambe de Bois, je peux déplacer mes os très très vite, en fait, je ne suis déjà plus ici.

Le lendemain, comme l'avait prédit l'homme aux chaînes, une flottille de plusieurs centaines de navires de guerre fait route sur eux. Le chasseur de phoques tire. Jambe de Bois, d'un seul bond, regagne la terre ferme à plusieurs lieues de là. Le souffleur de moulins se bouche une narine, et de l'autre, se met à souffler.

— Souffle de tes deux narines ! lui ordonne la jeune fille général.

Celui-ci obéit et souffle de ses deux narines du plus fort qu'il peut. Une lame de fond emporte tous les navires de guerre et les fracasse sur les rochers de la côte.

Le calme revient. Leur bateau navigue paisiblement sur le chemin du retour.

À l'horizon, ils perçoivent une île extraordinaire. Émerveillés, ils y accostent et jettent l'ancre. Ils mettent pied à terre et voient toutes les espèces d'arbres fruitiers épanouis et chargés de fruits. Au milieu de l'île, il y a une cabane. La jeune fille soldat a un besoin urgent. Elle entre dans la cabane, vérifie qu'il n'y a personne et fait ce qu'elle a à faire au beau milieu de la pièce, puis elle regagne le navire avec ses compagnons. Ils lèvent l'ancre et reprennent leur voyage pour rentrer.

Pendant qu'ils voguent sur la mer, un Lapon revient chez lui. Il habite la cabane au milieu de l'île. Il voit ce que la jeune fille soldat lui a laissé en souvenir. Il hurle :

— Qui a osé se soulager chez moi ? Si c'est un homme, qu'il se transforme en femme ! Si c'est une femme, qu'elle se transforme en homme !

Le navire accoste enfin. La jeune fille soldat donne à chacun de ses compagnons une part du butin puis elle rentre au château. Cette nuit-là, quand le général se couche auprès de sa femme, il est le premier surpris de découvrir qu'il est un homme.

Un homme de la tête aux pieds. Un homme entier.

Le lendemain matin, la fille du roi arbore un sourire heureux devant son père :

— Tout compte fait, mon mari est vraiment l'homme qu'il me faut !

Tout est bien qui finit bien !

KOTURA, LE DIEU DES VENTS

Dans un campement du Grand Nord vivait un vieil homme qui avait trois filles. Ils étaient très pauvres. Leur *tchoum* était si usée qu'elle ne les protégeait plus de la neige et du vent glacé.

Quand le gel leur mordait les mains et le visage, les trois sœurs se serraient l'une contre l'autre autour du feu. La nuit, quand ils se couchaient, le père tentait d'attiser les braises le plus longtemps possible… et ils tremblaient de froid jusqu'au lever du jour.

Un jour, au cœur de l'hiver, une tempête de neige éclate sur la toundra. Pendant trois jours, le vent glacé fouette le campement. La neige dense et le vent violent semblent ne plus vouloir se calmer. Même le Nenet le plus vaillant n'ose pas mettre le nez dehors. Les familles restent blotties dans les *tchoums*, en proie au froid et à la faim. Leur campement risque de disparaître d'une seconde à l'autre.

Le vieil homme et ses filles sont terrés chez eux, ils n'entendent que le blizzard souffler dehors.

Le vieil homme dit :

— Si la tempête ne s'apaise pas, nous mourrons tous. C'est Kotura, le dieu des vents, qui nous l'a envoyée. Il est en colère contre nous. Pour sauver notre campement et apaiser Kotura, il faut lui donner une jeune fille de notre clan pour épouse. Toi, mon aînée, tu dois y aller et le supplier d'arrêter le blizzard.

— Je ne connais pas le chemin, répond-elle inquiète. Je ne sais pas comment arriver jusqu'à lui.

— Je te donnerai un traîneau. Tu dois te diriger vers le nord. Pousse ton traîneau et suis-le. Le vent défera les nœuds des lacets de ton manteau. Ne t'arrête pas pour les renouer. La neige s'accumulera dans tes bottes, ne t'arrête pas pour les secouer. Continue droit devant toi jusqu'à arriver au pied d'une colline escarpée. C'est seulement quand tu en auras atteint le sommet que tu pourras t'arrêter pour fermer ton manteau et secouer tes chaussures. Là, un petit oiseau viendra se percher sur ton épaule. Ne le chasse pas. Caresse-le gentiment puis saute sur ton traîneau et laisse-toi glisser le long de l'autre versant. Tu arriveras directement devant la *tchoum* de Kotura. Entre et ne touche à rien. Tu l'attendras patiemment et tu feras tout ce qu'il te demandera de faire.

L'aînée des trois sœurs enfile son manteau, le ferme en nouant les lacets, met son traîneau face au vent du nord, le pousse devant elle et le suit, à pied dans la neige. Le vent défait les lacets de son manteau et la neige tourbillonnante se tasse dans ses bottes. La jeune fille tremble de froid, elle est gelée. Elle s'arrête, refait les nœuds de son manteau, secoue la neige de ses souliers puis reprend sa route, face au vent du nord.

Elle avance dans la neige, elle va droit devant elle et finit par arriver devant une colline escarpée. Elle escalade le flanc de la colline et quand elle parvient enfin au sommet, un petit oiseau vient se poser sur son épaule. Elle le chasse d'un geste brusque de la main. L'oiseau effrayé reprend son envol, il bat des ailes, il tournoie au-dessus de sa tête, avant de disparaître.

L'aînée s'assied sur son traîneau et se laisse glisser jusqu'au pied de la colline. Elle se retrouve devant une *tchoum* géante. Elle entre immédiatement et regarde autour d'elle. Elle voit un morceau de viande bien gras et bien fumé. Elle a grand faim. Elle allume le feu pour se réchauffer et réchauffer le morceau de viande. Elle coupe un morceau de graisse et le mange, puis un autre, puis un autre encore, jusqu'à apaiser sa faim. Quand elle a mangé tout le morceau de gras, elle entend un bruit derrière elle. Elle se retourne et voit un jeune et beau géant. Kotura, le dieu des vents, en chair et en os.

Il la regarde, et dit de sa voix tonitruante :

— D'où viens-tu, jeune fille, et que fais-tu ici ?

— C'est mon père qui m'envoie pour devenir votre épouse.

Kotura fronce les sourcils, garde le silence, soupire et finit par dire :

— J'ai apporté de la viande de ma chasse. Faisla donc cuire pour moi.

La fille aînée prépare la viande et, quand celle-ci est cuite, Kotura l'invite à la partager en deux.

— Toi et moi mangerons une part et tu porteras la part qui reste dans un plat à ma vieille voisine. Surtout n'entre pas dans sa *tchoum*. Attends qu'elle sorte de chez elle pour lui donner la viande, et tu attends qu'elle te rende le récipient vide.

La jeune fille met la viande dans un plat et sort dans la nuit obscure et glaciale le porter à la voisine. Le vent hurle si fort, le blizzard souffle si violemment, la neige qui tournoie est si dense qu'elle ne voit pas où elle met les pieds. Elle résiste au vent, avance un peu puis elle s'arrête. Elle ne distingue rien autour d'elle, elle a froid. Elle jette la viande sur la neige et rentre chez Kotura avec le plat vide.

Le géant l'observe avec insistance et lui demande :

— Tu as fait comme je t'ai dit de faire ?

— Bien sûr ! répond-elle.

— Alors montre-moi le plat. Je veux voir ce qu'elle t'a donné en échange.

La fille aînée lui montre le plat vide. Kotura ne dit rien. Il mange rapidement sa part de viande et va se coucher.

Aux premiers rayons de lumière, il se lève et va chercher des peaux de rennes :

— Pendant que je serai à la chasse, tu vas nettoyer ces peaux et me fabriquer un manteau, des chaussons et des moufles. Je les porterai dès mon retour et je verrai alors si tu es aussi habile des doigts que de la langue.

À ces mots, Kotura s'en va chasser dans la toundra. La fille aînée se met au travail. Elle coupe, elle racle, elle s'affaire quand soudain, une vieille femme toute ratatinée et toute couverte de neige entre dans la *tchoum* :

— Petite, j'ai une écharde dans l'œil qui me fait mal. Peux-tu l'enlever ?

— Je n'ai pas le temps. J'ai trop à faire, répond-elle avec colère

La vieille Femme de Neige ne dit rien. Elle s'en va comme elle est venue.

La fille aînée se remet au travail. Elle nettoie hâtivement les peaux et les découpe grossièrement avec un couteau. Elle s'empresse de terminer sa tâche avant la tombée de la nuit. Elle est si pressée, qu'elle ne prend pas la peine de tailler correctement les vêtements. Une seule idée l'obsède ; terminer le plus rapidement possible son travail.

Le jeune et beau géant, dieu des vents, rentre très tard cette nuit-là :

— Mes vêtements sont-ils prêts ?

— Oui. Ils sont prêts, répond la sœur aînée.

Kotura prend les vêtements un à un : les peaux sont rêches au toucher, elles sont grossièrement nettoyées, mal coupées et cousues sans soin. Il essaye de les enfiler, le manteau, les moufles et les chaussons sont très petits pour lui.

Il entre dans une rage folle. Il attrape la fille aînée par les pieds, la fait tournoyer et la lance de toutes ses forces dans la nuit noire. Elle retombe la tête la première, loin, très très loin dans la neige et meurt gelée.

Sur la toundra, le vent glacé redouble d'intensité.

Dans le campement nenet, le vieux père est dans sa *tchoum*. Il guette les variations du vent qui souffle de plus en plus fort. Il dit à ses deux filles :

— Je crains que Fille aînée ne m'ait pas écouté. C'est pourquoi le vent continue à hurler et à gronder sa colère. Kotura est de très mauvaise humeur. Fille cadette, tu dois y aller à ton tour.

Le vieil homme construit un traîneau, fait les mêmes recommandations à Fille cadette et lui fait ses adieux.

Fille cadette met son traîneau face au vent du nord, le fait glisser devant elle et le suit dans la neige. Les lacets de son manteau se défont, la neige se tasse dans ses bottes. Elle est bientôt engourdie par le froid, elle en oublie les conseils de son père. Elle noue les lacets pour refermer son manteau, elle secoue la neige de ses chaussures et arrive au pied de la colline escarpée. Elle en escalade le flanc et arrive au sommet. Quand le petit oiseau s'approche d'elle, elle le chasse en agitant les bras. Elle s'empresse de monter sur le traîneau, se laisse glisser jusqu'au pied de la colline et arrive devant la *tchoum* de Kotura.

Elle entre, fait du feu, réchauffe le gibier, mange son content et s'allonge pour dormir.

Quand Kotura rentre, il est surpris de voir Fille cadette endormie sur son propre lit. Le grondement de la voix du jeune géant la réveille immédiatement. Elle explique qu'elle est envoyée par son père pour devenir sa femme.

Kotura fronce les sourcils, garde longtemps le silence puis dit d'un ton bourru :

— Alors pourquoi dors-tu dans mon lit ? J'ai faim, fais vite et prépare la viande.

Dès que la viande est cuite, Kotura demande à la fille cadette de partager la viande en deux :

— Toi et moi mangerons une part et tu porteras l'autre à ma voisine. Mais surtout n'entre pas dans sa *tchoum*, attends dehors qu'elle te rende le récipient vide.

Fille cadette prend donc le plat de viande et sort dans la tempête. Le vent souffle si fort, la nuit est si noire et si enveloppante qu'elle ne peut rien voir, elle ne peut rien entendre. Effrayée à la seule idée de faire un pas et de s'éloigner, elle jette la viande aussi loin que possible et revient dans la *tchoum* de Kotura.

— As-tu donné la viande à ma voisine ?

— Bien sûr.

— Tu es pourtant revenue tout de suite. Montre-moi le plat vide. Je veux voir ce qu'elle t'a donné en échange.

La fille cadette, craintive, lui tend le plat vide. Kotura fronce les sourcils mais il demeure silencieux. Ils mangent, puis il va se coucher.

Le lendemain matin, aux premières lueurs de l'aube, il va chercher des peaux de rennes et demande à la jeune fille de lui coudre un manteau, des chaussons et des moufles avant la tombée de la nuit.

— Mets-toi tout de suite au travail et ce soir je verrai de quoi tes mains sont capables.

Sur ce, Kotura disparaît dans la toundra et Fille cadette s'empresse de se mettre au travail. Elle fait du plus vite qu'elle peut afin de terminer les vêtements avant la nuit. Soudain, une vieille femme toute ratatinée et couverte de neige entre dans la *tchoum* :

— J'ai une écharde dans l'œil, petite. Peux-tu m'aider à la retirer? Toute seule je n'y arrive pas.

— Va-t'en ! Tu ne vois pas que je suis très occupée? hurle, excédée, Fille cadette.

La vieille femme s'en va sans un mot. La jeune fille s'active, elle coupe, elle coud à la hâte.

À la tombée de la nuit, Kotura rentre de la chasse :

— Mes vêtements sont prêts?

— Oui, ils sont prêts.

Il essaye le manteau et constate qu'il est mal coupé, grossièrement nettoyé et trop petit pour lui. Il entre dans une colère terrible, il attrape Fille cadette par les pieds, la soulève, la fait tournoyer et la lance encore plus loin que Fille aînée. À son tour, elle meurt de froid.

Au campement, le vieux père est avec sa benjamine dans leur *tchoum*. Il guette les moindres variations du vent. Mais le blizzard est de plus en plus violent et le campement semble sur le point d'être emporté.

— Tes sœurs n'ont pas écouté mes conseils, dit-il tristement à sa troisième fille. Elles ont réussi à mettre Kotura plus en colère encore. Tu dois y aller, ma petite dernière, même si mon cœur se déchire à l'idée de me séparer de toi. Tu es la seule qui puisse sauver notre clan de la catastrophe maintenant.

La benjamine quitte le campement. Elle pousse son traîneau face au vent du nord et le suit à pied dans la neige. Le vent hurle et gémit, les flocons irritent ses yeux et l'empêchent de voir où elle met les pieds. Elle continue d'avancer. Elle titube dans le blizzard et se répète les recommandations de son vieux père. Les lacets de son manteau se défont, son manteau s'ouvre, ses chaussures se remplissent de neige, mais elle ne s'arrête pas. Elle a le visage engourdi par le froid, les poumons en feu, mais elle ne s'arrête pas.

Elle arrive au pied de la colline escarpée, elle escalade le flanc jusqu'au sommet et, là, elle fait sa première pause. Elle referme son manteau et secoue la neige de ses bottes. Juste à ce moment, un petit oiseau vient se percher sur son épaule. Elle caresse doucement sa poitrine duveteuse et tiède.

Quand l'oiseau reprend son envol et disparaît dans le ciel, elle s'assied sur le traîneau et se laisse glisser le long de la pente jusqu'à la porte de Kotura. Elle entre sans hésiter dans la *tchoum* et s'installe en attendant le retour du dieu des vents.

Un court instant plus tard, le rabat de la porte s'ouvre et le beau et jeune géant entre.

Quand il voit la benjamine, son visage s'éclaire d'un sourire :

— Que viens-tu faire ici ?

— Mon père m'envoie te demander d'apaiser la tempête, dit-elle tranquillement. Autrement, mon peuple mourra.

— Fais du feu et mets la viande à cuire, ordonne-t-il d'un ton bourru. J'ai faim. Toi aussi tu dois avoir faim, je vois que tu n'as rien mangé depuis que tu es là.

La benjamine prépare la viande dans une marmite et la sert dans un plat à Kotura. Il lui ordonne de porter la moitié à la voisine.

Elle sort de la *tchoum* avec le plat de viande et se retrouve au cœur de la tempête. Elle ne sait pas où aller ni comment trouver la *tchoum* de la voisine dans ce désert de glace et de neige.

Soudain, surgit de nulle part le petit oiseau qui s'était posé sur son épaule au sommet de la colline. Il vole à hauteur de son visage et semble lui indiquer le chemin. Partout où il va, elle le suit.

Elle voit enfin une mince volute de fumée qui s'échappe en spirale d'un énorme monticule de neige et qui se mêle aux tourbillons des flocons. Mais il n'y a aucune *tchoum* en vue.

Elle fait plusieurs fois le tour du monticule puis donne un léger coup du bout de son pied ; une porte apparaît et une très très vieille femme sort la tête de la neige et demande d'une voix stridente :

— Qui es-tu et que fais-tu là ?
— Je vous apporte un morceau de viande grand-mère, c'est Kotura qui vous l'envoie.
— Kotura ? dit la vieille en mâchant le bout d'une pipe noire, c'est bon, attends ici.

La benjamine attend un long moment devant l'étrange maison de neige. La vieille revient enfin et lui tend le plat en bois dans lequel s'entrechoquent des objets que la jeune fille ne peut pas voir dans l'obscurité. Elle remercie la vieille femme et rentre chez Kotura.
— Pourquoi as-tu pris autant de temps ? demande le dieu des vents. Tu as trouvé la *tchoum* de la Femme de Neige ?
— Oui, mais c'était très loin.
— Donne-moi le plat. Je veux voir ce qu'elle t'a donné en échange.

Dans le plat, il y a deux couteaux bien effilés, quelques aiguilles en os et des grattoirs pour préparer les peaux.
Kotura glousse de joie :
— Tu as de beaux cadeaux, tu ne pourras pas t'ennuyer.

Ils mangent et vont se coucher.
Aux premières lueurs de l'aube, Kotura va chercher des peaux de rennes et lui demande de lui fabriquer un manteau, des moufles et des chaussons.
— Si les vêtements que tu tailleras sont beaux et à ma taille, tu seras ma femme.

Dès qu'il est parti, la benjamine se met au travail. Les cadeaux de la Femme de Neige sont précieux. Il y a là tout ce dont elle a besoin pour nettoyer les peaux et coudre des vêtements.

Mais il est impossible de terminer le travail en une seule journée. Comment faire ?

Elle travaille avec courage. Elle prépare et gratte les peaux, elle coupe et coud si vite qu'elle a bientôt les doigts qui saignent. Soudain un pan de la porte s'ouvre et la Femme de Neige entre dans la *tchoum* :

— Petite, j'ai une écharde dans l'œil. Aide-moi à l'enlever.

La benjamine pose son ouvrage, s'approche de la vieille femme et lui retire l'écharde de l'œil.

— Je me sens mieux, dit la Femme de Neige, je n'ai plus mal. Viens donc regarder dans mon oreille droite et dis-moi ce que tu y vois.

La jeune fille regarde :

— Je vois quatre jeunes filles assises dans votre oreille.

— Appelle-les donc. Elles t'aideront à finir les vêtements de Kotura.

C'est ainsi que les quatre jeunes filles sautent hors de l'oreille droite de la Femme de Neige et se mettent immédiatement au travail. Elles grattent les peaux, les assouplissent, les taillent et les cousent. Bientôt, les vêtements sont prêts.

Les quatre jeunes filles regagnent leur place dans l'oreille droite de la Femme de Neige qui rentre chez elle.

À la tombée de la nuit, Kotura rentre de la chasse.

— Tu as accompli ta tâche ?

— Oui, tout est prêt.

— Alors donne-moi mes vêtements, je vais les essayer.

Kotura passe le manteau, les moufles et les chaussons. La peau est souple, confortable et à sa taille. Il est heureux, il sourit :

— Je t'aime bien Benjamine. Ma mère et mes quatre sœurs t'aiment aussi. Tu es courageuse, tu as affronté une tempête terrible pour sauver ton peuple. Veux-tu devenir ma femme ?

À ces mots, la tempête de neige qui terrifie la toundra depuis des jours entiers s'apaise soudain. Les Nenets sont sauvés. Ils sortent l'un après l'autre de leur *tchoum* et se réchauffent au soleil. Un seul parmi eux pleure, un vieil homme, le vieux père qui a des larmes de joie et de fierté : sa benjamine, sa fille préférée a réussi à sauver son peuple.

NOTICES

CELUI QUI CONNAÎT UN CONTE NE DOIT PAS LE GARDER

"If You Know a Story, Don't Keep It to Yourself", in *Stories of the Steppes, Khazakh Folktales*, racontés par Mary Lou Masey, David McKay Company, Inc., New York, 1968, pp. 104-108.

LE JARDIN MERVEILLEUX

"The Magic garden", in *Stories of the Steppes, Khazakh Folktales*, racontés par Mary Lou Masey, David McKay Company, Inc., New York, 1968, pp. 50-61.

CORBEAU VOLE LA LUMIÈRE

"The Raven Steals the Light", in *The Raven Steals the Light, Native American Tales*, Bill Reid and Robert Bringhurst, Shambhala Centaur Editions, Boston, 1996, pp. 1-13.

L'ARBRE D'OR

"The Golden Tree", in *Elijah's Violin & Other Jewish Fairy Tales*, choisis et racontés par Howard Schwartz, Harper Colophon Books, New York, 1985, pp. 127-135.

LE PRINCE TIMIDE

"The Shy Prince", Aisha Ahmad & Roger Boase, *Pashtune Tales*, SAQI, Beirut, 2003, pp. 189-201.

LA JEUNE FILLE QUI JAILLIT DE LA MER

"The Maiden who Rose from the Sea", in Helena Derson (traduits et édités par), *The Maiden who Rose from the Sea and Other Finnish Folktales*, Hisarlik Press, Middelsex, UK, 1992, pp. 42-53.

TANJIN LE MUSICIEN

"Tanjin the Music Master" (Mongol), in Fred H. Lobb, *The Wonderful Treasure Horse, Mongolian, Manchu and Turkic Folktales From China*, USA, 2000, pp. 32-39.

LA JEUNE FEMME DANS LA LUNE

"The Woman in the Moon" (Hezhe), in Fred H. Lobb, *The Wonderful Treasure Horse, Mongolian, Manchu and Turkic Folktales From China*, USA, 2000, pp. 97-99.

LES DEUX PRINCES

"The Two Princes" (Mongol), in Fred H. Lobb, *The Wonderful Treasure Horse, Mongolian, Manchu and Turkic Folktales from China*, USA, 2000, pp. 102-107.

PEAU DE MOUTON

"Sheepskin Boy", in Blecher Lone Thygesen, Blecher George (traduits et édités par), *Swedish Folktales & Legends*, University of Minnesota Press, Minneapolis, 2004, pp. 118-123.

POISSON MON AMOUR

Ce conte est très librement adapté de plusieurs versions d'un conte populaire des Antilles dont "La Bleue", *in* Lafcadio Hearn, *Trois fois bel conte* et "I té aimé un gros poisson : i té t'ouvé fwé ai in Elsie Clews Parson", *Folklore of the Antilles, French and English, Memoirs of the American Folklore Society*, volume XXVI, part II, New York, 1936.

LE PETIT LIT MAGIQUE

"The Marvelous Cot", *The Pomegranate Princess and other Indian Folktales*, Edward Hower, (recueillis et racontés par), M. K. Mukerjee (traduction originale de), RBSA Publishers, SMS Highway, Jaipur, Rajasthan, pp. 101-106.

LES PANTOUFLES D'OR, LA BAGUE MAGIQUE ET LES BRINDILLES ENCHANTÉES

"The Golden Slipper, the Magic Ring, and the Twigs", in *Stories of the Steppes, Khazakh Folktales*, racontés par Mary Lou Masey, David McKay Company, Inc., New York, 1968, pp. 122-131.

TRULS, FILS DE L'AIGLE

"The Boy in the Birch-Bark Basket", *in* Blecher Lone Thygesen, Blecher George (traduits et édités par), *Swedish Folktales & Legends*, University of Minnesota Press, Minneapolis, 2004, pp. 173-175.

LA MANGEUSE D'HOMMES

"The Man-eater", Aisha Ahmad & Roger Boase, *Pashtune Tales*, SAQI, Beirut, 2003, pp. 114-117.

LE GÉSIER

"The Gizzard", *in* Diane Wolkstein (collected by), *The Magic Orange Tree and other Haitian Folktales*, Alfred A. Knopf, New York, 1978, pp. 100-112.

Mimi Barthélémy en a publié une version, "Le gésier magique", dans *Haïti conté*, Slatkine / Sodifer, coll. Le Miel des Contes, Genève, 2004, pp. 80-87.

LA JEUNE FILLE RENARDE

"The Fox Girl", in *Korean Folktales*, Riordan James (retold by), Oxford University Press, Oxford, 1994, pp. 54-60.

L'OISEAU DE SOIE D'OR

"The Bird of Golden Silk" (Kirgiz), *in* Fred H. Lobb, *The Wonderful Treasure Horse, Mongolian, Manchu and Turkic Folktales From China*, 2000, USA, pp. 120-125.

LE FIGUIER

"The Fig Tree – La mata de higo", *in* Joe Hayes (retold by), *Baila, nana, Baila, Cuban Folktales in English and Spanish*, Cinco Punto Press, El Paso, 2008, pp. 23-27.

MIRZHANE ET LE ROI DU FOND DES EAUX

"Mirzhan and the Lord of the Kingdom Under the Sea", in *Stories of the Steppes, Khazakh Folktales*, racontés par Mary Lou Masey, David McKay Company, Inc., New York, 1968, pp. 38-45.

LA JEUNE FILLE SOLDAT

"A Disguised Woman as the King's Brother-in-Law", *in* Helena Derson (traduits et édités par), *The Maiden who Rose from the Sea and Other Finnish Folktales*, Hisarlik Press, Middelsex, UK, 1992, pp. 86-91.

KOTURA, LE DIEU DES VENTS

"Kotura, Lord of the Winds", *in* James Riordan, *The Sun Maiden and the Crescent Moon, Siberian Folktales*, Interlink Books, New York, 1989, pp. 59-67.

TABLE

BABEL

Extrait du catalogue

1262. ÉRIC VUILLARD
Congo

1263. CÉLINE CURIOL
L'Ardeur des pierres

1264. ANNE PERCIN
Le Premier Été

1265. LAURENCE VILAINE
Le silence ne sera qu'un souvenir

1266. CÉCILE LADJALI
Louis et la Jeune Fille

1267. PHILIPPE DE LA GENARDIÈRE
Le Roman de la Communauté

1268. YÔKO OGAWA
Les Tendres Plaintes

1269. HANAN EL-CHEIKH
Toute une histoire

1270. HERBJØRG WASSMO
Un verre de lait, s'il vous plaît

1271. JAUME CABRÉ
L'Ombre de l'eunuque

1272. JEAN-CLAUDE GRUMBERG
45 ça va

1273. ANDRÉ BRINK
Mes bifurcations

1274. PAUL AUSTER
Chronique d'hiver

OUVRAGE RÉALISÉ
PAR L'ATELIER GRAPHIQUE ACTES SUD
REPRODUIT ET ACHEVÉ D'IMPRIMER
EN JUILLET 2014
PAR NORMANDIE ROTO IMPRESSION S.A.S.
À LONRAI
POUR LE COMPTE DES ÉDITIONS
ACTES SUD
LE MÉJAN
PLACE NINA-BERBEROVA
13200 ARLES

DÉPÔT LÉGAL
1re ÉDITION : AOÛT 2014
N° impr. : 1402623
(Imprimé en France)